PITÁGORAS Y LA EUFONÍA
EL DESAFÍO DE SABER ESCUCHAR

Daniel Levy

Aegis Collection
Academia Internacional de Eufonía

Copyright © 2017 Daniel Levy

Título original: PITAGORA E L'EUFONIA – LA SFIDA DEL SAPER ASCOLTARE

Traducción: María Clara Canzani

Diseño de tapa: Marga Baigorria
Imagen de tapa:
Himno de Pitagóricos al sol naciente (1869)
Fyodor Bronnikov
Public Domain - from Wikimedia Commons

Aegis Collection – Academia Internacional de Eufonía

ISBN: 978-88-908498-0-0

*Tú eras. Y cuando la llama subterránea
despedace su prisión y destruya la forma,
tú seguirás siendo como eras antes
y no conocerás cambios
cuando el tiempo
ya no exista.*

Rig Veda

ÍNDICE

CAPÍTULO I

PARA ACERCARSE A PITÁGORAS — p. 1

Los dos accesos a la Enseñanza — p. 5
Androplástica y hombre pitagórico — p. 9
Platón: Carta VII — p. 10
La vida en la Escuela y la Academia platónica — p. 12
Porfirio, Jámblico y Ferécides de Siro — p. 15
Vida pitagórica — p. 20
Comentarios al capítulo I — p. 25
Notas al capítulo I — p. 29

CAPÍTULO II

UN FUNDAMENTAL EJEMPLO DE VIDA — p. 35

Consonancia, resonancia y conocimiento — p. 39
El Templo de las Musas — p. 42
La Escuela donde se aprende Música y Filosofía — p. 44
Algunos aspectos de la vida de Pitágoras — p. 49
El bien común, la comunidad y el cenáculo — p. 53
Comentarios al capítulo II — p. 61
Notas al capítulo II — p. 63

CAPÍTULO III

PITÁGORAS, MAESTRO EDUCADOR — p. 67

El silencio pitagórico — p. 71
Una jornada pitagórica — p. 74
Fisonomía y belleza — p. 78

Educación: arte pitagórico y socrático — p. 80
Las máximas simbólicas y la intuición — p. 83
Reminiscencias y mayéutica — p. 92
El hombre armónico — p. 95
La Música es la única incapaz de engañar. La Eufonía — p. 96
Comentarios al capítulo III — p. 103
Notas al capítulo III — p. 121

CAPÍTULO IV

ASTROLOGÍA PITAGÓRICA — p. 129

Los planetas — p. 133
La Década pitagórica — p. 138
El juramento pitagórico y el filósofo — p. 140
Comentarios al capítulo IV — p. 145
Notas al capítulo IV — p. 149

CAPÍTULO V

NUMEROLOGÍA — p. 151

La unidad es lo indivisible que contiene todo en Sí — p. 157
La esencia de los números — p. 162
Caos, Theos, Cosmos. — p. 164
Números cuadrados y números triangulares — p. 168
El número 7 — p. 175
El número 5 — p. 181
Las escalas musicales y el orden armónico — p. 184
Comentarios al capítulo V — p. 187
Notas al capítulo V — p. 193

CAPÍTULO VI

LAS PROPORCIONES UNIVERSALES — p. 197

Los modos musicales y el descubrimiento de la Ley de los Armónicos   p. 201
Las proporciones universales y la composición del alma del Mundo   p. 208
Las octavas energéticas y la Música Universal   p. 211
Comentarios al capítulo VI   p. 221
Notas al capítulo VI   p. 229

CAPÍTULO VII

LOS VERSOS DE ORO   p. 231

Comentarios al capítulo VII   p. 247

CAPÍTULO I

PARA ACERCARSE A PITÁGORAS

- *Los dos accesos a la Enseñanza.*
- *Androplástica y hombre pitagórico.*
- *Platón: 7.ª carta.*
- *La vida en la Escuela y la Academia platónica.*
- *Porfirio, Jámblico y Férecides de Siro.*
- *Vida pitagórica.*

LOS PELDAÑOS ÁUREOS

Vida límpida, mente abierta, corazón puro,

intelecto puro, clara percepción espiritual,

sentimiento fraterno hacia los condiscípulos,

prontitud para dar y recibir consejos e instrucción,

un leal sentido del deber hacia el Instructor,

voluntariosa obediencia de los mandamientos de la Verdad,

valiente capacidad de soportar la injusticia personal,

decisión al enunciar los principios,

infatigable defensa de quien es injustamente atacado,

y la mirada constantemente dirigida al ideal del progreso

y de la perfección humana que la ciencia secreta describe:

tales los peldaños áureos sobre los cuales el alumno

puede ascender hasta el Templo de la Sabiduría Divina

H.P. BLAVATSKY

Los dos accesos a la Enseñanza

Quisiera comenzar como seguramente comenzaría un pitagórico, pidiendo inspiración para poder penetrar de manera constante y mantener un tema y un estado que permita acercarse por un momento a la enseñanza pitagórica, si bien probablemente no alcance una vida.

He elegido dos premisas para iniciar, que si se comprenden y se cumplen serán como un camino maestro para poder seguir todo el desarrollo del ciclo pitagórico. No son dos premisas fáciles, pero si se deja de lado un cierto tipo de dificultad es probable que se puedan convertir en algo muy simple.

Veamos en qué consiste la primera premisa. Hay dos modos de acceso a cualquier enseñanza, y, sobre todo en este caso, a la enseñanza pitagórica. Uno es ser espectadores, o sea colocarse pasivamente delante de aquello que fue la enseñanza pitagórica como hecho histórico pasado, ubicado en el tiempo desde hace ya 2500 años. Tratemos de imaginar qué significa, prácticamente, adoptar la actitud de observadores de una de las enseñanzas que menos se conocen hoy, como es la pitagórica. Nosotros no tenemos ni siquiera la posibilidad de ponernos frente a ella como podríamos hacer en el caso de enseñanzas como las de India y Tibet, por ejemplo, en las que se mantiene la tradición. En nuestro caso, en cambio, tenemos a Pitágoras, Maestro siempre vivo, porque perdura en el tiempo y sigue siendo actual como si fuera eterno, pero casi no tenemos la enseñanza, excepto por algunas líneas generales muy importantes, y lo poco que se sabe se observa solo desde el punto de vista histórico. El otro acceso consiste en ser protagonistas de una enseñanza en sus muchas formas. Una de las principales es tratar de vivirla y hacerla propia, de ver cómo y con qué parte de nosotros la enseñanza, si es realmente universal, resuena

Parte de esta primera premisa tiene algunos requisitos de base, y uno de los más importantes es una sed de conocimiento verdaderamente grande, sin la cual la enseñanza pitagórica permanece totalmente cerrada. Con esto se quiere decir que hay algunos hechos que podemos enumerar, pero a cuyos significados más recónditos no podemos penetrar sin este primer requisito. En una palabra, vemos una serie de Leyes muy interesantes, es más, absolutamente fascinantes, cuyos vínculos con nosotros mismos, con nuestra vida, con la del Cosmos, con aquello que sería entonces el ideal de perfección pitagórico, nos seguirían siendo totalmente extraños, como algo que no tiene demasiada relación con nosotros.

Sed de conocimiento, entonces, significa no solo una sed de conocimiento intelectual, sino sobre todo el deseo «verdadero» de profundizar tal enseñanza. Significa hallar la energía suficiente para penetrar en su núcleo siguiendo todos los pasos que se requieren. La fuerza de querer penetrar en el núcleo es importante porque es evidente que si debemos atravesar una serie de estratos para llegar a él y en nuestro interior no estamos demasiado convencidos de la idea de que existe, la fuerza que podamos tener para llegar, para atravesar estos estratos, será muy débil.

Es deseable, entonces, atravesar cada estrato de este conocimiento con la idea de llegar al núcleo, una idea que debe existir ya desde el inicio. Si yo avanzo paso a paso para observar si existe verdaderamente el núcleo, me sucederá como al pelar una cebolla cuyas capas no terminan nunca, y así, pelando y llorando, no tengo la certeza de llegar al núcleo ni de saber si existe.

Si no hubiera un núcleo de enseñanza ni siquiera valdría la pena ponerse en movimiento. Por lo tanto, al haber un núcleo –y esto no significa que lo revelemos de inmediato– la fuerza emocional y mental que se ejerza no bastará, si falta aquella «ejercida» por nuestro propio núcleo. Precisamente esta es la diferencia entre la posición del espectador, que observa si existe el núcleo (y este no existirá hasta que no esté también en nosotros) y la del protagonista.

En definitiva, somos protagonistas de ese núcleo, o somos solo sus espectadores. Solo cuando seamos capaces de hacer nuestra esta enseñanza sabremos todo aquello que han sentido los pitagóricos, sabremos qué han sentido todos aquellos que la han seguido, qué sienten todos aquellos que aún la siguen y que la consideran totalmente actual y tratan de vivirla en sí mismos, más allá de las demostraciones públicas de esta experiencia. Una experiencia se vive o no se vive, no necesitamos un certificado que convalide que se la está viviendo, porque en este caso es como si diéramos a la partida de nacimiento un valor que no tiene, en cuanto no es la partida de nacimiento la que certifica el hecho de que estamos vivos, ya que lo estamos también sin este certificado. No necesitamos que venga alguien a confirmarnos que estamos viviendo o respirando. En todo caso, habrá alguien que nos dirá que estamos viviendo bien o mal según su concepto de bien y mal, o que estamos respirando bien o mal siempre según su preconcepto. Pero no hay ninguna duda de que estamos viviendo y estamos respirando.

Para resumir, entonces, para vivir o no una experiencia, la idea es llegar a un núcleo partiendo de un núcleo. Para lograrlo es necesario atravesar toda una serie de estratos que nos colocan en las dos posiciones conocidas: ser protagonistas o espectadores. Esta última posición, por lo general, no es crítica sino hipercrítica. La crítica es parte del proceso y de la contradicción de la existencia, mientras que la hipercrítica es un exceso que va más allá de la contradicción misma. O sea, si la crítica nos sirve para contradecir, y esta contradicción sirve para llegar a la armonía, estamos en regla con el pensamiento pitagórico. Si hay un exceso de crítica, es evidente que no hay armonía.

Se dice que el protagonista generalmente es subjetivo, mientras que el espectador es objetivo. Pero si hay algo totalmente falso es que el espectador es objetivo, porque el solo hecho de anular una parte de sí mismo que parece no involucrada es lo que lo hace creer objetivo. En realidad, este individuo no es objetivo sino subjetivo inhibido. El espectador participa con desapego sin ser protagonista, no dice que está viviendo una experiencia, sino que ve como la vive otro, y por eso se cree objetivo. El espectador, entonces:

    A. Se priva de vivir una determinada experiencia.

B. Cree ser objetivo, y no está viviendo sino una de las formas de la subjetividad, porque en cada uno de nosotros existe, fundamentalmente, un mundo subjetivo que es el que tiene verdadero valor.

El mundo objetivo, en cualquier caso, está impregnado del subjetivo, estos dos mundos no están divididos. Se ha comprobado también que si nos ponemos frente a una experiencia de manera objetiva se crea un determinado efecto que depende de la fuerza del individuo que tiene la experiencia. Entonces, el modo objetivo de relacionarse con la experiencia es tan subjetivo que cada uno de nosotros puede modificar también el efecto que pueda resultar de esta.

Extendiendo lo que se ha dicho al mundo científico, vemos que también en la forma de investigación del científico (que se supone que tiene solo pocos márgenes de error durante su investigación objetiva) hay un condicionamiento del experimento, dado que ya se lo está focalizando de una determinada manera. Con esto no se quiere decir que el científico sepa adonde quiere llegar ese experimento, sino que ya lo está modificando con su investigación preestablecida. Si en cambio se abre y no modifica previamente el experimento, su investigación ya no es objetiva sino que penetra en el mundo subjetivo de la experiencia. Algunas reacciones no se pueden alejar de quien está haciendo la experiencia, y esta no es ninguna novedad. Es cierto que las cosas suceden también de acuerdo con quien las está viendo y estudiando. Si bien, objetivamente, un lindo día es lindo para todos, para cada uno puede tener características que sean totalmente diferentes. El día está impregnado de cada uno de nosotros, pero no por esto deja de ser lindo.

Todo este preámbulo forma parte de la 1.ª premisa, está relacionado con el hecho de ser espectadores o protagonistas. Ser protagonistas no quiere decir estar totalmente involucrados, porque al mismo tiempo podemos también estar desapegados. Ser protagonistas significa simplemente ser conscientes de lo que estamos viviendo en cada momento, no quiere decir ser arrastrados por la situación (C 1), como comúnmente se cree. Ser protagonistas, ya lo dijimos, significa ponerse conscientemente frente a una experiencia.

Androplástica y hombre pitagórico

Una parte de la enseñanza pitagórica trataba de la «Androplástica», que era la idea de la plasticidad del hombre. Con esto se entendía el hecho de que nada debía ser dejado al azar en la formación del individuo, que debía tender a convertirlo en lo que se llama el hombre pitagórico, que simplemente es la idea de ese hombre que está a mitad de camino entre el hombre normal y la divinidad. El hombre pitagórico era el que tendía a la divinidad y se ponía en relación con ella. Esta formación, según Pitágoras, no podía (y no debía) dejarse al azar en ningún aspecto de la existencia. Iniciando por la dieta y pasando a las formaciones más interiores, meditativas, el azar no debía existir: la música, la gimnasia y las ciencias se consideraban los elementos más idóneos para este tipo de formación.

Para el pitagorismo la «androplástica» era muy importante sobre todo en ciertos momentos cruciales de la vida. La plasticidad, todos lo sabemos muy bien, se va cristalizando cada vez más durante nuestra existencia, y si esta última no ha estado bien conducida, nos hacemos cada vez menos plásticos, menos flexibles. Es evidente que este hecho, desde un punto de vista interno, nos condiciona de tal manera que ya no podemos cubrir algunos espacios que quedan abiertos: estamos previamente condicionados. El ideal pitagórico es iniciar desde la infancia un cierto tipo de educación que conduzca a esa esfera. Tendremos ocasión de profundizar esto lo más posible.

Lo que hoy perdura como más importante de la enseñanza pitagórica, teniendo en cuenta el hecho de lo objetivo y lo subjetivo, del espectador y el protagonista, debería ser experimentado a través del sentido de las «proporciones» y el sentido profundo del «número». Penetrar en la idea de la armonía y el número será hoy la única manera de penetrar en todo el sistema pitagórico. El principio de las «Proporciones universales» que estudiaremos no está separado de ninguna fase de la existencia, humana y no humana, que es como decir que se obtiene una llave maestra que no se encuentra en ningún tipo de enseñanza escrita.

Platón: Carta VII

Esta forma parte de la segunda premisa, extraída de una declaración de Platón en su Carta VII. Esta carta es muy importante, y esta declaración relega a un segundo plano incluso a los Diálogos con todo lo que quieren decir y que se remiten a las antiguas enseñanzas pitagóricas. Esta segunda premisa, para nada fácil, dice:

«Sin embargo, esto es lo que puedo decir de todos los que han escrito y escribirán diciendo que conocen aquello de lo que me ocupo porque lo escucharon de mí o de otros o porque lo descubrieron personalmente, y que en mi opinión no comprenden nada de la materia. Sobre estos temas no hay ni habrá nunca una obra mía. Porque la mía no es una ciencia como las demás: esta no se puede comunicar de ninguna manera, sino que, como la llama que salta del fuego, nace de improviso en el alma luego de un largo período de profunda meditación sobre el tema y una vida vivida en común, y luego se alimenta a sí misma. Sin embargo, sé que si escribiese o hablase de esto, lo manifestaría como ninguna otra persona, pero sé también que si estuviera mal expuesto me afligiría mucho. Si en cambio creyera necesario escribirlo y hacerlo conocer a todos adecuadamente, y esto se pudiera comunicar, ¿qué otra tarea más hermosa habría podido llevar a cabo en mi vida que manifestar por escrito estas cosas de gran utilidad para los hombres, y sacar a la luz la naturaleza para todos? Yo no creo que tal ocupación, como se dice, sea de provecho para todos, salvo para aquellos pocos que, después de alguna indicación, pueden avanzar por sí mismos hasta el fondo; a los demás les provocaría un desprecio injustificado, o una vana y soberbia presunción, casi como si hubieran captado algo magnífico. Pero sobre esto deseo extenderme más largamente y tal vez después de haber hablado, algunas de las cosas que diga serán más claras.

Hay, en efecto, una razón profunda que desaconseja escribir incluso sobre uno solo de estos temas, razón que ya he expuesto muchas veces, pero que me parece oportuno repetir.» (N 1).

Hemos elegido iniciar con tal premisa. En este punto, son dos las posibilidades: hemos elegido un camino muy difícil por lo que sería necesario no continuar, o esto significa alguna otra cosa. Retomo el pasaje: «Sin embargo, esto es lo que puedo decir de todos los que han escrito y escribirán diciendo que conocen aquello de lo que me ocupo porque lo escucharon de mí o de otros o porque lo descubrieron personalmente, y que en mi opinión no comprenden nada de estas cosas, etc.» ¿Qué sugiere esta declaración de Platón, que muchos conocen y pocos citan, que se menciona en voz baja, aunque esté publicada, que es una forma de decir que nadie, fuera de su escuela, sabía verdaderamente cuál era el objeto último de las enseñanzas? Y también, en lo que respecta a Platón, se dice que es muy extraño que él, con toda su inteligencia, hable bien de los misterios, manifieste que estar iniciado en los misterios es uno de los logros más importantes del hombre, cuando los mismos misterios ya habían casi decaído, porque había más charlatanería que otra cosa, donde no había un verdadero conocimiento con la excepción de algo de astronomía, astrología y alguna ciencia que se manifestaba de una manera un poco misteriosa. De esta manera se dejaba al pueblo fuera del conocimiento.

Esta era la historia que nosotros, todavía hoy y oficialmente, escuchamos sobre los misterios admitidos también por Platón. Y lo extraordinario es que el mismo Platón, en esta Carta, hace mención a que incluso el valor de los Diálogos que él mismo había escrito y lo que el propio Sócrates había enseñado no era todo, sino solo un prólogo a la verdadera experiencia y el verdadero conocimiento.

Con esto, asesta un golpe mortal a los racionalistas, a los lógicos, a pesar de que él mismo fue un griego bien racional. Es un golpe bastante duro para todos aquellos que desearían que con la demostración obtenida por la experiencia se pudiera llegar a un conocimiento. El conocimiento sin experiencia se descarta a priori y por completo, dado que solo se puede llegar a él «después de prolongadas meditaciones», solo «como luz que se nutre a sí misma». Estas frases hacen recordar a diversas enseñanzas anteriores a Platón, sobre todo enseñanzas egipcias donde se habla de la luz que se enciende sin la mecha, la luz que se enciende pero que después de haber tenido mucho aceite no lo necesita más: esta es la lámpara siempre encendida, eterna, libre de cualquier sustento. Acá Platón nos está hablando de un cierto acceso al conocimiento que ya era conocido en la escuela pitagórica, donde solo la experiencia directa es la que cuenta en la enseñanza.

La vida en la escuela y la academia platónica

¿Por qué entonces esta dos premisas? Porque solo de esta manera podremos recopilar una serie de datos que servirán para una comprensión efectiva de las enseñanzas de Pitágoras. No se trata de simple información. Si pensamos que innumerables escritores de la antigüedad han dicho que las enseñanzas de la famosa academia platónica tenían poco que ver con la que había sido la escuela pitagórica ¿qué se enseñaba en esta última? Estas declaraciones son importantes, se observe que se está hablando de la academia platónica la cual hoy no podemos comparar con nada. Sería como decir la mayor universidad del tiempo, el mayor núcleo de conocimiento en Atenas, la culminación del conocimiento no solo racional sino también el que va más allá de lo racional. Estamos hablando de la Academia como el conjunto de los conocimientos más profundos de la filosofía y de todo tipo de acceso a las ciencias.

¿Cuáles pueden ser los motivos? La escuela pitagórica parece haber sido, entre otras cosas, una verdadera comunidad, cosa que la academia no había logrado. La escuela pitagórica era un lugar donde se desarrollaba una vida tendiente a la perfección, a lograr un hombre «semejante a Pitágoras». Cuando veamos quien fue Pitágoras, comprenderemos que decir «semejante a Pitágoras» significaba hablar de un semidiós, de un héroe, de un ser perfecto desde el punto de vista humano y tendiente a la perfección suprema.

El núcleo de enseñanzas de la escuela pitagórica no solo era de gran importancia para aquel tiempo, sino que su valor real consistió en actuar como verdadero puente ya que ponía en comunicación recíproca todos los conocimientos antiguos: el egipcio, el orfismo, los conocimientos provenientes de toda el área asiática y europea con todas las tradiciones concernientes a los druidas, los celtas, los ibéricos. Estos conocimientos se filtraban y vivían a través de la figura de Pitágoras y se llevaban más allá, dando un impulso notable para el futuro de Europa y de todo el Occidente.

El momento de Pitágoras, entonces, es muy importante, crucial, un momento de convergencia y al mismo tiempo de nueva expansión que se va plasmando hasta alcanzar un determinado nivel de perfección. Incluso se dice que cuando Platón escribió la «República» y luego las «Leyes» no se refirió ni siquiera a la república ideal, futura, sino a algo que tiene directamente que ver con la escuela pitagórica, o sea con aquello que allí se actuaba y plasmaba. La república, entonces, se veía no solo como un ideal, sino, efectivamente, como algo que la propia escuela pitagórica, en su momento, habría heredado de tradiciones aún más lejanas en el tiempo. De ahí que Platón no estuviera hablando solo de la antigüedad remota o del futuro imposible, utópico, sino de algo que había sucedido, de un ejemplo apenas anterior. Esto que se dijo nos indica de manera evidente lo que ha sido esta escuela, sobre todo como modalidad de vida. Y esto es justamente lo que más interesará ver de la escuela pitagórica, no solo qué se estudiaba, sino qué se hacía y cómo se vivía en su interior.

Hay un hecho que ahora vamos a considerar. Durante estos 2.500 años que nos separan de la figura de Pitágoras se ha hablado incluso de pitagorismo sin Pitágoras, llegando al extremo de decir que Pitágoras jamás existió. Pero por otra parte esto sucedió también con todas aquellas grandes figuras que han dejado una profunda impronta de sí mismas. Estas figuras nos han dejado grandes enseñanzas, un notable número de discípulos, leyendas a su alrededor, pero al mismo tiempo no hay nada preciso desde el punto de vista historiográfico. O mejor dicho, nos han dejado muchos testimonios históricos que no pueden ser totalmente confirmados.

En el caso de Pitágoras, todos han hecho referencia a él en los siglos pasados, todavía hoy todos hacen referencia a él, pero se comienza a saber algo más concreto y más cierto recién algunos siglos después de su desaparición y la de todos sus discípulos. Y es tan grande lo que se conoce a través de quienes vinieron después que parecería haberse tratado de un personaje que ha reunido en sí todo el conocimiento posible, incluso el que concierne al futuro en todas sus formas. Pitágoras es una suma de misterios, de perfección, y aún más, es unión total entre aquello que era un cierto tipo de misticismo antiguo y un saber científico muy profundo: ¡entre misticismo y ciencia hay identidad!

Sucede por primera vez, después de los egipcios (de quienes Pitágoras absorbe tanto), que verdades fundamentales de la existencia sean sintetizadas en la idea del Número, de las Relaciones, en la idea de las Proporciones y de la Armonía.

Este es un eje que luego servirá para cada campo posible del conocimiento, objetivo y de sí mismos. Es como si Pitágoras hubiera usado dos hilos diferentes, uno para el mundo externo y otro para el mundo interno, pero unidos por los mismos principios y los mismos arquetipos.

Esta que estamos tratando es una materia interesante para toda la historia de la ciencia, las religiones y las artes. La historia, que ha aportado muchos otros ejemplos de gran envergadura, no conoce ninguno que esté verdaderamente equiparado con el pitagórico, por haber sido Pitágoras el primero que reunió en sí todos los conocimientos. Incluso hoy, a pesar de que desde ciertos puntos de vista todo esto sea maltratado, desde otros no debería absolutamente serlo porque mucho se nos ha dado, y profundamente, acerca del número, las relaciones y ciertas leyes fundamentales que atañen a todos los campos: la medicina, la lógica, el cálculo numérico, la astronomía, la astrología, la arquitectura, etc. A cada campo se le aplicaba un único principio, sin mencionar una serie de conocimientos que quedaban encerrados en lo que era el punto central de la enseñanza pitagórica a la que tenían acceso solo unos pocos.

Porfirio, Jámblico y Férecides de Siro

Hay dos autores del siglo tercero d. C. que escriben sobre las vidas pitagóricas. Citamos a estos dos autores porque sus escritos sobre Pitágoras son fundamentales respecto a muchos otros que dieron testimonio de él y de sus enseñanzas. Son Jámblico (N 2) y Porfirio (N 3).
Porfirio fue discípulo de Plotino, neoplatónico y por ende neopitagórico, de la escuela alejandrina (C 2), donde la figura de Pitágoras ya era conocida. Jámblico, que será llamado «el divino Jámblico», es otro discípulo de Plotino. Jámblico fue sobre todo un ser particular que conocía en profundidad lo que había sucedido en la escuela pitagórica, como si hubiera estado allí. Por lo que escribe sobre Pitágoras y su escuela parece como si hubiera estado personalmente, pero es evidente que no puede haber participado como «personalidad» Jámblico.
Jámblico es conocido por su profundo conocimiento de los misterios egipcios y caldeos, entre otras cosas, y sus escritos sobre los misterios nos permiten conocer un poco más esta figura. Se dice que gran cantidad de escritos de Jámblico dedicados especialmente a la parte matemática y musical de la enseñanza pitagórica se perdieron, no se sabe cómo. Debemos recordar que durante la antigüedad desaparecieron bibliotecas completas, porque eran quemadas o simplemente porque debían desaparecer por el solo hecho de que encerraban la suma de los conocimientos más profundos de la época (C 3). Entre las obras importantes

desaparecidas se incluyen las de Jámblico. También de Porfirio se conocen muy pocos escritos.

Esto en lo que respecta a los autores mayores, pero también en diversos autores menores encontraremos muchos puntos en común sobre las enseñanzas pitagóricas. Posteriormente, sobre todo después de Platón y Aristóteles, comenzaremos a encontrarnos frente a la negación de toda la enseñanza pitagórica y se comenzará a poner directamente en duda la existencia misma de Pitágoras y la validez de sus enseñanzas. Se suceden de modo continuado en el tiempo toda una serie de contradicciones, de afirmaciones y negaciones. El único factor interesante es observar cómo, durante siglos, se han hecho tantos esfuerzos para confirmar o negar una figura que según algunos no existió jamás. En efecto, sobre el problema del pitagorismo, sobre la escuela pitagórica, sobre las enseñanzas de Pitágoras, surgió una de las literaturas más vastas que se pueden encontrar.

En el fondo, son las mismas contradicciones que existen entre vivir o ser espectadores de una determinada experiencia. Entre las tantas cosas, no se desea admitir que Pitágoras haya podido hacer suyas tantas y tan diferentes enseñanzas. Uno de los motivos principales para decir esto es que se pone en duda el acceso a tales enseñanzas. De acuerdo a «nuestros parámetros», ¿cómo ha sido posible que Pitágoras tuviera contactos con Egipto, con India, con los caldeos, con los hebreos, con los celtas, con los druidas, con los iberos, con los etruscos, con el orfismo, durante casi cuarenta años? Con Pitágoras tenemos una lista innumerable de iniciaciones, de contactos, de enseñanzas obtenidas en los más diversos santuarios. Es justamente esto lo que se pone en duda. Y muchas otras contradicciones se relacionan con el hecho de cómo pudo viajar, cómo hizo para entrar en contacto con los misterios. Sobre el problema de viajar, por ejemplo, mucho antes de Pitágoras encontramos toda una serie de grandes personajes que lo anticiparon ya hicieron casi lo mismo.

Todo esto no debería sorprender demasiado a los estudiosos modernos, dado que hubo muchos ejemplos similares. Pero evidentemente nos sorprende por el simple motivo de que ya no estamos en ese mismo contexto, ya no sabemos qué significa profundizar realmente una determinada enseñanza, ya no sabemos acceder a una iniciación, qué significa esto y de qué forma acontece. Y entonces juzgamos toda una serie de hechos que no sabemos si sucedieron o no, negando a priori que hayan sucedido.

Lo que interesa es observar toda la corriente que provino del pitagorismo sin confundirla con otras corrientes y recién después tener la demostración de que hay una correspondencia muy fuerte con todos esos pueblos que se dice que ha conectado. Este último punto es una confirmación adicional de la existencia de Pitágoras. Pero ni siquiera de la existencia de Jesús se tienen certezas desde el punto de vista histórico. Al final todos estos personajes se ponen o no en duda, pero no es esto lo que interesa, sino la calidad de su enseñanza. Si hay algo que hoy no sabemos, pero que sabían Pitágoras y los pitagóricos, son los principios esenciales.

Hoy, gracias a Platón, podemos penetrar con más facilidad en el conocimiento pitagórico. Platón toma mucho de Pitágoras, y la mayor parte de sus Diálogos se pueden considerar pitagóricos, sobre todo el «Timeo», uno de los Diálogos más misteriosos que trata de la conformación del Alma del Mundo, de la conformación del ser humano, de las relaciones, las proporciones, etc. Es como si el mismo Platón fuera neopitagórico y por lo tanto, si hay un punto de referencia a tener en cuenta para profundizar Pitágoras, este es Platón bajo todos los aspectos posibles, dado que resume todo aquello que se perdió de las enseñanzas casi un siglo después del fin del pitagorismo como escuela y de la dispersión de los discípulos. Antes de fundar la Academia, Platón tiene una estadía muy importante en Crotona, estadía que él mismo menciona (N 4), y este viaje no es simplemente para recordar a Pitágoras, sino porque siente que debe seguir su línea.

Jámblico inicia así su exposición sobre Pitágoras:
«Al inicio de cada filosofar todos los sabios tienen por costumbre invocar a un dios; con mayor razón esto es adecuado para aquella filosofía que, como se cree, lleva justamente el nombre del divino Pitágoras: de hecho, dado que fue concedida desde el principio por los dioses, no es posible acceder a ella sino con su ayuda. Además su belleza y grandeza superan largamente la capacidad humana como para que se la pueda aferrar

repentinamente, pero solo con la guía de un dios benigno, aproximándose gradualmente, se puede comprender de a poco alguna parte de ella.

Por todas estas razones, luego de haber invocado a los dioses como nuestras guías y habiendo confiado a ellos nosotros mismos y nuestro discurso, sigámoslos adonde nos conduzcan, sin tener en cuenta el abandono en el que está sumida esta secta filosófica desde hace mucho tiempo, ni lo extraño de las doctrinas, ni la oscuridad de los símbolos en las que está envuelta, ni los numerosos textos engañosos y espurios que la han oscurecido, ni de las muchas otras dificultades que hacen arduo su acceso. A nosotros nos basta con la voluntad benigna de los dioses, con cuya ayuda es posible superar dificultades de mucha más envergadura que estas. Luego de los dioses, elegiremos como nuestra guía al fundador y padre de la divina filosofía, refiriéndonos al inicio a su estirpe y su patria» (N 5).

Al leer esto nos percatamos de que Jámblico no juega con las palabras, sino que va directamente al núcleo. Aquí sentimos como actual un personaje que vivió 1700 años atrás, y ya en ese momento se hablaba de las falsedades en torno al pitagorismo y de las dificultades para penetrar en ese conocimiento. De alguna manera, Jámblico usa la misma premisa que usamos nosotros cuando al inicio pedimos inspiración para tratar este tema trascendental. ¿Por qué se remite directamente a un dios? ¿Qué significa un dios, desde un punto de vista interno? ¿Qué sugiere la inspiración, en este caso una inspiración que guíe teniendo la certeza de llegar a un fin? Jámblico inicia pidiendo inspiración, siendo consciente de que se halla frente a una gran dificultad, dado que se trata de hablar de Pitágoras nueve siglos después de su desaparición.

Transcurrieron varios cientos de años, pero si las enseñanzas están acompañadas de inspiración, este lapso no tiene gran importancia. Si hoy puede estar presente Pitágoras, también puede estarlo Jámblico. Pero estas dos figuras no están presentes porque son evocadas, sino porque hay una parte de ellas que está constantemente presente. No lo están solamente por haber dejado algún texto, sino porque con el correr del tiempo hubo una influencia constante de esta enseñanza en todos los campos del saber externo y en todos los campos del conocimiento interno, influencia que dio lugar al desarrollo de la civilización.

Más adelante trataremos de profundizar más estas realidades. Ahora solo estamos haciendo un pequeño prólogo, si bien no muy simple —no se trata solo de presentar a Pitágoras— porque es necesario sumergirse en otra categoría de pensamiento con la que lamentablemente ya no contamos. Me refiero a la categoría del pensamiento directo, profundo, que ha dejado de ser una de nuestras cualidades constantes. Cuando leemos cualquier texto griego antiguo, encontramos una inmensidad de pensamiento y de universalidad a la que no estamos habituados, aun cuando podamos no estar de acuerdo con los temas tratados. Nosotros decimos que nuestra civilización se basa en la griega, pero no es verdad, o mejor dicho, es verdad, pero fuimos hacia otras direcciones aun basándonos en raíces tan fecundas. Y cuando hablamos de inmensidad, nos referimos a la agudeza para penetrar en cualquier hecho de la existencia, una penetración que no está en consonancia con nuestras certezas actuales. Cuando vemos a cualquiera de estos personajes que nos describe un estado, es porque lo estaba viviendo constantemente. En cambio, incluso con toda nuestra cultura, nosotros sentimos que hay hechos que nos interesan solo a nivel intelectual y no vital, por lo que nuestro modo constante de dirigirnos hacia algo no es muy profundo sino muy superficial si se lo compara con esas modalidades.

Dada esta premisa, es oportuno pasar de nuestra concepción normalmente superficial a una forma de pensamiento mucho más amplia, que permita una mayor comprensión. Y para ello solo necesitamos ponernos en contacto con este pensamiento por medio de las propias palabras de Jámblico y Porfirio. Esta es la parte más compleja para penetrar aún más en la experiencia pitagórica y extraer algunos conocimientos fundamentales a fin de no ser ofuscados luego, sobre todo cuando se deberá estudiar el problema del número, y así poder comprender todo lo que quiere decir. Entonces, en el estudio de la numerología y en el estudio de la acústica, trataremos los momentos más importantes y más amplios de esta enseñanza, porque se descubrirá que las Leyes fundamentales están regidas por esencias numéricas, por verdaderos arquetipos numéricos.

Hemos visto cómo ha iniciado Jámblico. Veamos qué dice directamente Porfirio:

«Es aceptado por la mayoría que Pitágoras nació de Mnesarco, pero en cuanto a la estirpe de Mnesarco las opiniones discrepan. Algunos dicen que era de Samos, mientras que Neantes en el quinto libro de las «Leyendas fabulosas» lo define como sirio y oriundo de Tiro en Siria. Cuando azotaba la hambruna en Samos, Mnesarco habría arribado a la isla como comerciante de trigo y, una vez vendido el trigo, habría sido honrado por la ciudadanía. Y dado que Pitágoras desde su más tierna edad tenía talento dócil para todo arte gentil, Mnesarco lo habría llevado a Tiro y allí lo habría confiado a los caldeos y lo habría puesto bajo su disciplina. Luego, una vez de regreso Pitágoras a Jonia desde Tiro, primero lo habría oído Ferécides de Siro (N 6), luego Hermodante de Creófilo (N 7) que ya viejo vivía en Samos» (N 8).

Estos que para nosotros son solo nombres, tienen un gran significado. Ferécides de Siro, por ejemplo, fue un personaje considerado semidivino no solo porque había enseñado algo a Pitágoras, sino sobre todo porque tenía el poder de conocer todas las cosas sin haberse trasladado nunca. Y sin haber viajado nunca, se dice que estuvo entre todos los pueblos y con todos los personajes más importantes, y obtuvo de ellos todo tipo de conocimiento en boga en ese momento.

Vida pitagórica

Del nacimiento de Pitágoras se dicen muchas cosas, no es ni siquiera seguro que fuera de Samos. Muchos dicen que nació en Etruria, algunos que fue en Tiro, otros en la isla de Lemnos en Grecia. Cuando vinculamos el nombre de Pitágoras con el mundo griego, el mayor motivo consiste en que es seguro que desarrolló la mayor parte de su misión —si así podemos llamarla— en Grecia y en la Magna Grecia que surgió a continuación a través de su escuela.

Pitágoras tendió un puente entre Grecia y el que iba a ser uno de los focos más importantes en Italia. Se dice también que lo hizo porque no podía enseñar con toda libertad en Grecia, debido a todas las cargas culturales de la época. Entonces, Pitágoras buscó un lugar adecuado y nuevo como era en ese momento Crotona (C 4), que no tenía ningún tipo de tradición.

Este es el siglo VI a.C. Siglo extraño en todo el mundo, un siglo particular, importante, porque además de Pitágoras veremos a Confucio, Lao Tsé y tantos otros seres de altísima envergadura.

Continuemos con la lectura de Porfirio:

«Neantes dice que algunos afirman que el padre de él era tirreno y uno de aquellos que colonizaron Lemnos, donde habiendo llegado a Samos por asuntos mercantiles se habría asentado allí, convirtiéndose en ciudadano, y navegando Mnesarco hacia Italia que en ese entonces era muy floreciente, Pitágoras, aún joven, habría partido en su compañía, y luego habría regresado nuevamente. También Neantes recuerda a dos hermanos de Pitágoras, Eunosto y Tirreno, mayores que él en edad. Y Apolonio (N 9) (C 5) en su obra sobre Pitágoras nombra también a la madre Pithais (N 10) (C 6), descendiente de Anceo fundador de Samos; y dice que algunos aseveraban que realmente era hijo de Apolo y de Pithais y solo putativamente de Mnesarco, de donde un poeta de Samos habría dicho:

«Pitágoras a Júpiter dilecto, que dio a luz a Apolo Pithais, bellísima entre las habitantes de Samos».

Y el mismo dice que Pitágoras escuchó no solamente a Ferécides y Hermodante, sino también a Anaximandro.» (N 11) (N 12).

Prosigue Porfirio:

«En cuanto a su educación científica la mayoría cree que ha tomado las denominadas disciplinas matemáticas de los egipcios, los caldeos y los fenicios, dado que desde la antigüedad los egipcios se aplicaron a la geometría, los fenicios a los números y a los cálculos y los caldeos a la contemplación de los cielos; los ritos de los dioses y los otros conocimientos útiles para conducir bien la vida se dice que los tomó de los magos.

Estas serían más o menos las cosas conocidas por muchos para ser entregadas a las memorias antiguas, mientras el resto de lo que se refiere a la disciplina pitagórica estaría sumido en cierta oscuridad.

Por otra parte Eudoxo (N 13) en el séptimo libro del «giro de la tierra» dice que Pitágoras era tan inmaculado y tanto escapaba de la sangre y de los sanguinarios que, no contento con abstenerse de animales, tampoco se acercaba jamás a cocineros o cazadores (C 7). Y Antifonte en el libro de la «Vida de los hombres insignes por virtud», da fe de su fortaleza, de la cual dio prueba en Egipto, donde dice que Pitágoras, preparándose para la iniciación en los ritos de los sacerdotes egipcios, y ardiendo del deseo de ser admitido en ellos, suplicó a Polícrates tirano (N 14) que escribiera a Amasis rey de Egipto, su amigo y huésped, para que lograra que lo hiciera participar de sus misterios. Llegado en presencia de Amasis, obtuvo cartas de recomendación para los sacerdotes, y una vez presentado ante los heliopolitas fue reenviado por estos a los de Menfis por ser más ancianos, pero en realidad esto era simplemente un pretexto para los heliopolitas. De Menfis con el mismo pretexto fue enviado a los diospolitas.

Y estos, por temor al monarca y pensar que por el tamaño de las molestias lo apartarían de su proyecto, le impusieron la observancia de unas normas rígidas y extrañas a la religión griega. Pero las ejecutó con entusiasmo y fue objeto de tal admiración que recibió el permiso de ofrecer sacrificio a los dioses y participar en sus misterios, hecho del que no se tiene noticia se haya producido en ningún otro extranjero.

A su regreso a Jonia, fundó la escuela denominada Hemiciclo de Pitágoras (C 8), en la que los samios acudían a deliberar sobre los asuntos públicos. Fuera de la ciudad hizo una cueva apropiada a su filosofía; en ella pasaba la mayor parte del día y de la noche con unos pocos amigos.

Pero al llegar a los cuarenta años, cuenta Aristoxeno (N 15), y observar que la tiranía de Polícrates era demasiado severa para que a un hombre libre le fuera cómodo aguantar su intromisión y dominio, realizó, en consecuencia, su partida a Italia.

Dado que así narró Diógenes con exactitud los hechos referentes a su condición de filósofo en sus «Hechos increíbles más allá de Tule» (N 16), yo decidí no omitirlos en modo alguno. Dice, pues, que Mnesarco, que por su origen era un tirreno de los que colonizaron Lemnos, Imbros y Esciros, y que desde su lugar de residencia visitaba muchas ciudades y recorría muchas comarcas, se encontró en una ocasión con un tierno niño que estaba tumbado al pie de un álamo grande y frondoso. Observó que, boca arriba, dirigía su vista al cielo, hacia el sol, sin parpadear, y que se había metido en la boca una caña delgada y fina, a modo de flauta. Contempló con admiración que se alimentaba con el rocío que goteaba del álamo, lo cogió en brazos, suponiendo que, en cierto modo, era divino el origen del niño. Una vez que se estableció en Samos fue adoptado por Androcles, natural del lugar, que les había confiado la administración de su hacienda. En medio de un bienestar económico educó al niño (al que le puso por nombre Astreo) (N 17) juntamente con sus tres hijos, Eunosto, Tirreno y Pitágoras. También a este, que era el más joven, lo adoptó Androcles como hijo.

Pues de niño lo mandaba al maestro de cítara, al profesor de gimnasia y al pintor, y cuando se hizo un muchacho, a Mileto, junto con Anaximandro, para que aprendiese geometría y astronomía. También Pitágoras estuvo con los egipcios, asegura Diógenes, árabes, caldeos y hebreos, de los que perfeccionó su conocimiento sobre los sueños. Fue el primero también en utilizar la adivinación con el incienso. Se trataba en Egipto con los sacerdotes y aprendió su ciencia y la lengua egipcia.

... sus tres diferentes alfabetos, a saber: el epistolográfico, el jeroglífico y el simbólico, que emplean las palabras en un sentido propio, por imitación, y en un sentido alegórico, por una especie de enigmas. También aumentó su conocimiento sobre los dioses. En Arabia se relacionó con el rey, y en Babilonia convivía con los caldeos, y en particular acudió junto a Zárato, de quien obtuvo la purificación de las faltas de su vida pasada y la explicación de cómo los virtuosos deben mantenerse puros, y de quien escuchó también su concepción sobre la naturaleza y los orígenes del universo. De su excursión, pues, por estos pueblos tomó Pitágoras la mayor parte de su ciencia.

Por otra parte Mnesarco regaló Astreo a Pitágoras. Este lo acogió, le hizo un diagnóstico y examen de las agitaciones y calmas de su cuerpo, y emprendió su educación. Pues primeramente aplicaba esta disciplina en los seres humanos, tratando de comprender cuál era la índole natural de cada uno. Y a ninguno estimó amigo ni conocido hasta conjeturar, por sus rasgos físicos, cómo era la persona en cuestión» * (N 18).

Se dice que uno de los requisitos fundamentales para el ingreso en la escuela pitagórica era una buena fisonomía. Es a partir de Pitágoras, entonces, que se desarrolla esta ciencia, que permite observar la evolución interior de una persona por medio de las características del cuerpo en su conjunto. Quien tenía estos requisitos era presentado inicialmente en la escuela y una vez que había ingresado, el discípulo debía atravesar un período de escucha (C 9), de escucha silenciosa, porque el factor más importante para aprender es la actitud de escucha. Vemos entonces que la primera selección, realizada por el propio Pitágoras, se basaba exclusivamente en la lectura fisonómica, es decir, leyendo en cada una de las partes de la constitución física todo aquello que le sucedía a esa alma. No había ningún otro tipo de prueba inicial para ser admitidos. Ser admitidos no significaba que ya fueran perfectos, sino que se los admitía para comenzar con ese grado inicial el período denominado de los «acusmáticos», o sea un período de escucha que se extendía durante casi cinco años. En este caso escucha significa «escucha de las enseñanzas», no escucha de cada cosa que sucedía. Significa, literalmente, colocarse en el punto más alto como tensión, como posibilidad de aprender.

COMENTARIOS AL CAPÍTULO I

C 1. Si nos dejamos arrastrar por la situación dejamos de ser protagonistas y somos llevados por las circunstancias. Son las circunstancias las que tienen poder sobre nosotros a causa de nuestra ignorancia de las leyes. No siempre ser protagonistas significa ir donde sopla el viento.

C 2. Cuando se habla de escuela alejandrina significa que sus representantes eran versados en los conocimientos transmitidos en los santuarios de Egipto: Tebas, Menfis, Heliópolis *in primis*. Y Egipto será siempre un punto de referencia fundamental para todos aquellos que alcanzarán la máxima sabiduría.

C 3. Históricamente la Biblioteca de Alejandría fue destruida dos veces, por los romanos y por los árabes. Pero no se destruyeron todos los manuscritos. Los más preciosos fueron salvados por los bibliotecarios ayudados por cientos de esclavos que trabajaban en la biblioteca. Una gran cantidad de estos preciosos pergaminos se pudieron salvar porque estaban encuadernados en madera y tratados con una sustancia ignífuga. Otros, que no habían tenido este tratamiento, fueron destruidos por el fuego. Se dice que cada uno de estos preciosísimos documentos será encontrado en un momento oportuno para el bien del hombre. Lo mismo se dice tanto de la biblioteca de Pérgamo como de la biblioteca del Monte Athos.

C 4. Se dice que lo único que tuvo de bueno Crotona fue haber sido habitada por hombres y mujeres bellos y tener una cierta tradición para las Olimpíadas porque era tierra de grandes deportistas. Tierra totalmente virgen desde el punto de vista religioso y cultural, y en consecuencia un lugar apto para crear algo totalmente nuevo y diferente.

C 5. Cuando se menciona a Apolonio, se trata de Apolonio de Tiana, otro personaje de gran importancia cuya vida se asemeja un poco a la de Pitágoras y un poco a la de Jesús. Hay una historia muy importante de su vida, escrita por Filóstrato, donde se habla de todo su aprendizaje en India. Apolonio fue un gran iniciado y afirmó que es en India donde existe la «Madre de la Sabiduría». También Egipto es muy importante, pero él habla de sus relaciones con los brahmanes, y de allí esta aseveración suya. Apolonio se menciona como otro de los que escribieron una Vida de Pitágoras, pero ya no se conoce esta obra, solo se sabe que la escribió y que era conocida en su época.

C 6. Se dice entonces que Pitágoras nació directamente de Apolo y de Pithais. Mnesarco habría participado, y tal vez esto recuerde algo. Estamos hablando de siglos antes de Cristo, y estas genealogías se repiten en varias tradiciones.

C 7. Esto se dice de Pitágoras al respecto:
«Aconsejaban no alimentarse nunca de las carnes de un ser vivo, no sacrificar a los animales, no hacerles daño, respetando con la máxima atención las normas de la justicia también para con ellos.»
Traducción de Jámblico. Vita pitagorica. Cap. XXIV. Ed. BUR.

«En cuanto a sus comidas, su almuerzo eran habas o miel, y la cena pan de mijo o "maza" y hortalizas crudas y cocidas».
Traducción de Porfirio. Vita di Pitagora. Cap. XXXIV. Editorial Carabba, 1928.

«Donde su cuerpo se conservaba como por equilibrio en las mismas condiciones, ni estaba ya sano ya enfermo, ni pingüe y floreciente y luego débil y macilento. Así también el alma manifestaba para el rostro siempre el mismo temple».

Traducción de Porfirio. Vita di Pitagora. Cap. XXXV Editorial Carabba, 1928.

«La pureza se consigue (...) con mantenerse puro (...) con abstenerse de carnes (...) de animales muertos de muerte natural.» «Algunos dicen que a veces él se satisfacía solo con miel o el panal, o con pan, y que durante el día no tocaba vino; a menudo como alimento usaba verduras cocidas y crudas, raramente pescado».
Traducción de Diógenes Laercio. Vite dei filosofi. Cap. VIII Cap. I°. Ed. Laterza.

C 8. En el Hemiciclo, otro nombre de la escuela Pitagórica, se reunían los habitantes de Samos para deliberar.

C 9. Pitágoras, entre las innumerables iniciaciones, también lo fue en las egipcias. Una de las prácticas que se realizaban en las partes más recónditas de los templos era la denominada «Eufonía»: «bella palabra», «buena escucha». Se instauraba una relación simpática y atractiva entre el Sacerdote y los discípulos. El sacerdote enseñaba sobre los misterios de la vida y de la forma, y los discípulos, «escuchando», trataban de hacer propias estas leyes, en el sentido de vivirlas. Entonces la «escucha» es la primera y más importante práctica a realizar para poder llegar a un conocimiento superior mediante una formación sobre todo de carácter ético y moral.

NOTAS AL CAPÍTULO I

N 1. La citada es una parte de una larga carta (carta VII) que Platón escribió a los amigos y a los familiares de Dión a la edad de 73 o 74 años.

N 2. Jámblico nació en Calcis (Siria) poco antes de la mitad del siglo III, de familia noble y rica. El «divino Jámblico» también fue llamado «ilustre médico de almas». Para el emperador Juliano el Apóstata, era el «ilustre héroe». Su obra más importante fue la «Vida pitagórica», una sección que se salvó de una obra mucho más amplia sobre el pitagorismo. Dividió la enseñanza en dos partes: la primera fue el estudio de Aristóteles –sobre todo las obras «Categorías» y «Analíticos primeros»– que era propedéutico para el estudio mucho más importante de la segunda parte, la referida a Platón. Esto representó durante más de dos siglos el «currículo» estándar en las escuelas neoplatónicas. Jámblico murió en los años veinte del siglo IV.

N 3. Porfirio, cuyo verdadero nombre era Malco, nació en Tiro en el 233 d.C. Se acercó joven al pitagorismo, en el año 264 conoció a Plotino en Roma y se convirtió en su discípulo. Corrigió y publicó como «Enéadas» las obras del maestro. Su obra consiste en escritos místicos, el más famoso de los cuales es «Vida de Pitágoras», obras neoplatónicas y Comentarios. Murió alrededor del año 305.

N 4. Platón vivió siete años en Crotona, después del 399 a.C.

N 5. Jámblico. Vita pitagórica. Cap. I°. Laterza.

N 6. Férecides de Siro, uno de los Siete Sabios griegos. En su sepulcro se escribió este epigrama: «Toda la sabiduría está resumida en mí. Quien quiera alabarme debe alabar antes a Pitágoras, pues es el primero sobre la tierra griega. Al decir esto, digo la verdad». Diógenes Laercio: Vite dei filosofi. Libro I°. Cap. XI. Laterza 1983.

N 7. Hermodamante de Samos, segundo maestro de Pitágoras luego de Férecides de Siro.

N 8. Porfirio: Vita di Pitagora. Cap. I° Editorial Carabba, 1928.

N 9. Julia Domna, esposa del emperador Septimio Severo, al recibir un manuscrito de Damis, discípulo de Apolonio, encargó al historiador Filóstrato que lo ordenara y corrigiera para que fuera un todo orgánico. Por esto podemos conocer la vida y la obra de Apolonio.
Apolonio nació en Tiana de Capadocia alrededor del siglo uno. Al conocer las enseñanzas pitagóricas quiso emular al Maestro llevando una vida similar a la suya. Como Pitágoras, se relacionó con los magos babilonios, los sacerdotes egipcios, los brahmanes y los gimnosofistas de la India y los monasterios budistas. Adquirió, como Pitágoras, gran saber y grandes poderes. En sus viajes alrededor del mundo, sepultó en lugares adecuados piedras —imanes, en otros términos— que iban a «energizar» con el tiempo ese determinado lugar. Se cree que algunos de estos imanes aún no se han despertado para poder realizar su función.

N 10. Pitágoras era hijo de un rico mercader de anillos y de una mujer llamada Partenais (Pithais). La pitonisa de Delfos, consultada en un viaje por los jóvenes esposos, les había prometido «un hijo que iba a ser útil a todos los hombres en todos los tiempos». (...) Antes incluso de su nacimiento, durante la luna de miel, sus padres habían ofrecido fervorosamente el niño maravilloso a la luz de Apolo.

Traducción de Schuré. I Grandi Iniziati. Laterza, 1982.

El verdadero nombre de Pithais, entonces, es Parténides. Pithais es en honor a Apolo, así como Pitágoras: en honor a Apolo Pitón.

N 11. Anaximandro de Mileto. Filósofo jónico, discípulo de Tales. Hay una anécdota de él:
«Dicen que, mientras cantaba, unos niños lo ridiculizaron y que, apenas se dio cuenta del hecho, respondió: «Entonces por amor a los niños debo mejorar mi canto».
Traducción de Diógenes Laercio: Vite dei filosofi. Libro II°. Cap. I°. Laterza, 1983.

N 12. Traducción de Porfirio: Vita di Pitagora. Cap. II°. Editorial Carabba, 1928.

N 13. Eudoxo de Cnido. Oyente de Platón, pitagórico ilustre. Fue astrónomo, geómetra, médico, legislador.

N 14. Polícrates. Tirano de Samos. Pitágoras, al regresar a Samos luego de la permanencia en Egipto, encontró allí su tiranía, por lo cual se dirigió a Crotona.

N 15. Aristoxeno de Taranto. Peripatético, autor de un libro titulado: «Di Pitagora e dei Pitagorici».

N 16. Tule o Isla Blanca. Es la isla imperecedera que sobrevive a cada cambio geológico de la Tierra. Se dice que allí estuvo Pitágoras.
Del Glosario del libro «Belleza». Autor Daniel Levy.

N 17. Astreo.
Haciendo un periplo del mundo, Pitágoras encontró los lineamientos de la ciencia de las Esferas. Luego de una revolución volvió en sí y dijo a Astreo: «He conocido los Santuarios de la Tierra. Gaia es feliz cuando sus dones son aceptados y protegidos de la codicia y la ignorancia. Pero Astreo, me es difícil decirte qué he sentido cerca de la Isla

Blanca, en los parajes donde la Montaña de Cristal se yergue poderosa. No obstante, trataré de contarte una leyenda que le pertenece. Se dice que en la morada glacial tiene origen el Rey del arco iris. Cuando el Sol recorre el sendero del Norte, el austero Rey se despierta. Dicen que Él teje Siete Rayos, forjados en todas las materias, tenues y densos, y que tiene los retratos de todas las criaturas que existen en el transcurso del tiempo. Su trabajo consiste especialmente en refractar los Rayos. Cuando los seres que habitan las regiones de Gaia ven el arco iris, significa que el Rey tuvo éxito en Su acción de fusión y lo notifica a todos. Cuando el arco iris se ve internamente, se dice que el Rey ha ofrecido al afortunado una morada en Su Morada. Me urgía, Astreo, decirte solo lo simple que era estar en la Isla Blanca».

Así Pitágoras favoreció a Astreo.

Tú que lees, haz el periplo del mundo y pregunta a Gaia qué es lo que la hace feliz. A partir de ese momento, para alcanzar la Morada del Rey del arco iris, te esperan tres días de viaje.

De «Belleza» de Daniel Levy.

N 18. Traducción Porfirio: Vita di Pitagora. Cap. VI–XIII. Editorial Carabba, 1928.

CAPÍTULO II

UN FUNDAMENTAL EJEMPLO DE VIDA

- *Consonancia, resonancia y conocimiento.*
- *El Templo de las Musas.*
- *La escuela donde se aprende música y filosofía.*
- *Algunos aspectos de la vida de Pitágoras.*
- *El bien común, la comunidad y el cenáculo.*

En cada época domina una unión secreta

de espíritus afines.

Tú que perteneces a ella,

cierra el círculo

aún más estrechamente,

de modo que la verdad del arte

irradie su clara luz

difundiendo alegría y bendiciones

en todas partes.

Robert Schumann

Consonancia, resonancia y conocimiento

Si me sintonizo con un determinado sonido, descubro que ya existía, mientras que, antes de sintonizarme, este sonido no existía para mí. En muchos casos esto ha hecho pensar que ciertas realidades enunciadas por el pitagorismo no habían existido nunca, cuando en cambio existían para quien las estaba estudiando. Sería casi como pensar que Japón no existe porque yo nunca he ido. Se ha usado este ejemplo extremo para hacer comprender que la ciencia ha hecho algo parecido con el pitagorismo y con muchas otras realidades internas. Como tales realidades no han sido nunca experimentadas por quien las ha estudiado, se niega su existencia. Pitágoras y el pitagorismo parecen casi no existir. Pitágoras aparece como un fantasma, y sin embargo lo encontramos en todas partes, omnipresente. Durante mucho tiempo se ha negado la doctrina, no solo la pitagórica, sino también la oriental, preórfica, órfica. En cambio, la figura poco tangible de Pitágoras parece haber estado presente en todos lados y haber incluso impregnado las doctrinas de Platón, Plotino, Aristóteles, etc. Parece entonces que muchas «mentes» se han dejado plasmar por una doctrina fantasma. En estos casos el modo de acceso a la doctrina pitagórica no se ha hecho exclusivamente en relación con fuentes escritas —si bien se dice que Pitágoras ha dejado muchos escritos— sino con una «experiencia» en un lugar geográfico bien preciso. La experiencia que tuvieron los grandes maestros de sabiduría (N 1) se interpretó en sentido simbólico, casi nunca en lo concreto. Tengamos presente al mismo tiempo que los maestros de sabiduría, y por ende también Pitágoras, vivieron en un lugar geográfico, tuvieron un cuerpo físico, una familia física y una familia espiritual, a menudo tuvieron hijos, recordemos que para Pitágoras hubo un templo dedicado a las Musas, que tuvo discípulos «vivos» y no solo vibrantes en un plano mental o en un plano aún más elevado, encarnados en un lugar concreto. En el caso de Pitágoras, su lugar de enseñanza fue Crotona, Italia.

Ratificamos un principio fundamental: «Puedo conocer solo aquello con lo que vibro en consonancia», lo que significa que Conocimiento = Consonancia. Este es un principio sobre el cual nunca podremos dejar de meditar y de extraer enseñanzas bien precisas. Si no puedo estar en consonancia con una determinada realidad, no la puedo conocer; en cambio puedo conocer todo aquello con lo que vibro en simpatía y todo aquello que evoca una respuesta en mí. Lo que no me evoca una respuesta, habita en mí solo de modo inconsciente y parece no tener realidad ni evidencia, pero esta evidencia no está porque soy yo quien no es evidente a esa realidad, no porque esa realidad no sea evidente en mí. Recordemos que los acusmáticos de la escuela pitagórica escuchaban a Pitágoras detrás de una cortina, durante períodos intermedios. Con el principio del sonido consonante, la primera acción es que se lo debe escuchar, «solo escuchar», hasta que se produzca en nosotros un cambio, un vuelco total de toda una situación vibratoria, de un ritmo que nos permite acercarnos más a la enseñanza y hacernos más cónsonos con ella. No es la enseñanza que se hace más cónsona con la naturaleza del individuo, sino el individuo que se vuelve más cónsono con la naturaleza de la enseñanza.

Con la consonancia todo se invierte. Aquello que está vibrando con fuerza, vibra siempre con fuerza, mientras que aquello que no está vibrando con fuerza, vibra solo momentáneamente con poca fuerza. Para quien es «poco sensible» esa vibración fuerte no existe hasta que no puede entrar en contacto con ella. A medida que se establece el contacto, se va creando una especie de «concordia» entre su estado y el estado de quien está transmitiendo una determinada enseñanza. En efecto, no podemos recibir más que aquello que logramos dar (naturalmente, a nivel consonante, no a nivel de recepción de nociones a almacenar). Recién en el momento de la oferta total podemos concebir qué significa esa totalidad. Cuando pensamos en personajes como Jesús, Buda o Apolonio de Tiana difícilmente logramos comprenderlos. Esto sucede porque no tenemos su misma experiencia, o algo que se le aproxime. Podríamos tenerla si es evocada, pero mientras tanto no logramos, no podemos comprenderla. Podemos sentir por ellos mucha admiración porque han podido, han sabido, han luchado, han trabajado duramente, pero no podemos comprenderlos realmente si nos seguimos quedando en la fase de quien solo resuena débilmente con su Mensaje. Por este motivo se requiere un convencimiento que de alguna manera debe ser preexistente al momento en que nos acercamos al umbral de un Conocimiento.

Se trata de estar convencidos de que ese alto mundo de armónicos existe, aunque por el momento no se lo escuche. Se requiere una actitud diferente de la habitual, es necesario pasar a un estadio un poco más elevado que esta actitud, es necesario un cambio de matices, pasar de algo burdo a algo más sutil. Aunque ahora no logre entrar en contacto con la enseñanza «viva» de Pitágoras, no significa que esta no exista; si aún no logro percibir el mundo de los armónicos, de todos modos ese mundo existe. La enseñanza requiere de por sí la aplicación del principio de resonancia, de lo contrario no se podrá conocer verdaderamente.

Es interesante notar que incluso las leyes de economía son leyes de resonancia y consonancia. Decir economía es lo mismo que decir consonancia, es decir el «sonido del eco», el «nombre del eco». Según cómo sea la resonancia, vuelve de modo equilibrado. El principio es la circulación, la huella del sonido, y por ende la consonancia. Cuando se pensaba que en el eco había un genio que repetía, se estaba reconociendo un principio de base, un principio correspondiente a estas vibraciones. El fenómeno acústico es extraño: en la roca, en el vacío, hay elementos que, resonando, responden. En el flujo de la economía de la naturaleza existe el principio de la correspondencia, de la analogía: lo semejante atrae a lo semejante.

En el campo del conocimiento sucede que si tenemos realmente los fundamentos de una enseñanza, y somos un poco expertos en el arte musical, podemos captar otros niveles de esa enseñanza. De la misma manera, cuando comenzamos a explorar un determinado terreno que antes no conocíamos, descubrimos verdaderos continentes que antes creíamos inexistentes; el único gesto que hemos realizado ha sido ponernos en contacto con este terreno. Recién después podemos decir que hemos descubierto nuevos continentes. El único problema verdadero es que no es posible quedar sin contacto sabiendo que ciertos «lugares» existen. Refiriéndonos a Shamballa (N 2), se habla de la «Tierra de los Vivos», tierra que sería un lugar físico donde hay quienes viven todos los días. En ese lugar está el mismo sol que ilumina nuestros lugares, solo que ilumina y nutre cosas diferentes, que hace vivir y pensar de modo diferente.

Damos por cierto que el viaje hacia esta realidad más amplia se puede llevar a cabo con la ayuda de la sabiduría pitagórica que de hecho nos ha dejado el fundamento de todo tipo de Sabiduría.

El Templo de las Musas

Cuando Pitágoras llega a Crotona, como primer acto inmediatamente después del discurso dado a los crotonianos erige un templo a las musas, dando así una indicación. Es necesario tratar de comprender bien su significado, de lo contrario se permanece en un nivel superficial que hace difícil el contacto con individuos de esta estirpe. Para Pitágoras es divino el hombre que se eleva internamente hacia el espacio y conoce a estas nueve hijas de Zeus y Mnemosina, la Memoria.

De hecho la memoria espiritual es presupuesto de la educación pitagórico/platónica, donde aprender será recordar aquello que ha vivido el alma. Que las musas habitaran en los montes Helicón y Parnaso no expresa sino la idea de la evolución en espiral de la conciencia y la belleza eterna y poderosa del «Para-desh», la región superior, el espacio eufónico. En un sentido psicológico las musas representan todas las potencialidades ínsitas en el ser humano y que deben desarrollarse gracias a una particular «educación musical» que les permite manifestarse en la persona.

Esta elevación de un templo a las musas ha sido realizada para tener un contacto con ellas, dado que para los antiguos griegos las musas eran las deidades del acuerdo y la concordia, deidades que enseñan los himnos, las melodías, la danza, la poesía, etc. a los hombres para que ellos mismos puedan elevarlos al padre y crear así una circulación, una consonancia. Cuando se menciona a Pitágoras como aquel que habría escuchado la Armonía de las Esferas, lo que se quiere significar es su estrecha y constante relación con las musas. Es esencial entender qué pueden significar también para nosotros, ya que son fundamentalmente deidades del acuerdo y la concordia. Estas palabras lo abarcan todo: *con-cordia, con-sonancia*, los corazones en consonancia, unidos, el acorde, la idea de la completitud, de la armonía.

Las musas expresan todo esto y también son las deidades de las artes, la cultura, la civilización. Se dice que en todo eso existe, entre otras cosas, un legado muy antiguo que se remite a Orfeo y a Museo, quienes enseñan a los hombres a sentar las bases para tener una relación de consonancia con las musas y los principios celestes. Además, Pitágoras trata de sentar las bases para la creación de más consonancia en los seres pertenecientes a los reinos en vía de evolución hacia lo humano (véanse los casos de la osa daunia, del buey y del águila (N 3)) para elevar a tales maestros y hacerlos regresar al principio Padre, todo evolucionando en espiral.

Poner en relación con las musas significa simplemente emitir un gran acorde/acuerdo, y eso tiene que ver con la música de las esferas cuya caja armónica es el espacio. En nuestro planeta, y en cada lugar, se proyecta toda la esfera celeste con todos sus movimientos y con todos los «círculos de la necesidad» (N 4). De cada uno de esos círculos se emite un tono fundamental, y hay un «Ser» colocado en cada uno de ellos. Platón, en la República, habla de estos círculos de la necesidad donde las sirenas (él llamaba sirenas a las musas, por su condición de deidades de las aguas celestes, espaciales) entonan estos cantos que reflejan una armonía particular para cada una de esas esferas. Todo esto tiene relación con la creación y su división, y con el monocordio donde reinan el número y la vibración armónica.

La escuela donde se aprende música y filosofía

Todo esto que estamos diciendo requiere una actitud de seriedad. Del estudio se obtendrá en igual medida, ni más ni menos, el conocimiento en relación con la «tensión» dada. De la alta tensión se obtendrá más conocimiento, más conocimiento verdadero. Profundizar el Timeo, que es el Diálogo de Platón más oscuro y misterioso, es un trabajo muy delicado. En el Timeo tenemos uno de los elementos más importantes para entrar en ciertas esencias a través de una puerta amplia pero al mismo tiempo muy estrecha. En este Diálogo, eminentemente pitagórico, hallamos todo lo que puede interesar sobre los principios y las realidades pitagóricas. Llegados a este punto es interesante notar la relación existente entre la escuela pitagórica y la academia platónica. En la academia algunas realidades eran vividas por pocos, mientras que en la escuela eran vividas por la mayoría, circunstancia que hace decir a los platónicos y luego a los neoplatónicos: «¡Ah, esa era verdaderamente una escuela!». Así, retrocediendo paulatinamente en el tiempo, el conocimiento era más creciente porque concernía a los principios: lo que apenas era recordado en la academia, era conocido en la escuela. En el Timeo los sacerdotes egipcios dicen a uno de los siete Sabios de Grecia que los griegos aún eran unos niños comparados con los egipcios, dado que no recordaban nada, refiriéndose Platón, entre otras cosas, también a lo antes mencionado. A continuación el Diálogo comenta el origen del mundo, el origen del alma humana, de los elementos y sus combinaciones, de aquellos elementos que tienen profundidad, volumen, superficie, y de cómo se los puede ver en relación triangular en la superficie de las cosas. Con esto Pitágoras habría evidenciado conocimientos aprendidos en Egipto, relacionados directamente con las leyes del número y de la proporción.

En algunas páginas el Timeo hace una breve mención a un conocimiento astrológico, astronómico, numérico, vibratorio. Se trata de un conocimiento tan profundo que al leer esto hoy nos parece infinitamente lejano. Este remontarse a la composición y la conformación de los elementos, a sus relaciones, a cómo el alma se encarna, a una numerología y geometría particulares, y por ende a una vibración particular, todo esto, en el Timeo, aparece como si se lanzaran destellos de luz, como si se abriera a veces una ventana sobre el antiguo pitagorismo. En el Timeo se trata de recordar todo de modo que no haya error alguno. Más que un Diálogo, se trata de la narración de los conocimientos del antiguo Egipto que nos han transmitido los sabios. El sentido implícito es: «Si deseas comprender este conocimiento, aplica las mismas leyes, aplica la Ley de Analogía. Si no puedes hacerlo, si no deseas indagar sobre el núcleo fundamental de ti mismo, entonces, para ti, esta es una enseñanza oscura». Esto es válido para toda la enseñanza tradicional.

Bastaría solo con seguir una parte del recorrido de la enseñanza platónica para encontrar los principios más importantes del pitagorismo —véase por ejemplo el mito de las cigarras— y recordar que la consonancia, la música de las esferas, la música como la más alta filosofía, el alma del mundo conformada musicalmente, la armonía conformada según la música, la música que se proyecta sobre la tierra, el filosofar que es música, todo esto es una única, antiquísima idea del pitagorismo. Sobre todo, está allí a disposición de quien tenga la intención de indagarla del modo más cónsono y adecuado.

Cuando antes se había mencionado la seriedad, es porque nos estamos confrontando con un núcleo de conocimiento con el que podemos avanzar solo por grados, pero donde los principios de la consonancia y de la concordancia no podrían no ser aplicados. Nosotros comprendemos lo que está sucediendo porque es evocado. No nos referimos solamente a la comprensión de este Diálogo, sino a todo el curso de los ritmos en nosotros, a nuestra vida, al flujo de las energías en el universo. No por nada estas enseñanzas eran reservadas, o sea dadas de modo simbólico, encubierto. La revolución que crean primero Sócrates y luego Platón consiste en revelar esencias que estaban escondidas, y hacerlo casi sin darse cuenta. Revelar, si bien en parte, de modo que se pueda realizar el anillo de conjunción entre el antiguo

Egipto y Grecia. Tampoco el anillo de conjunción entre la Grecia antigua y nuestro mundo ha sido aún realizado, si bien decimos que nuestra civilización se apoya en la griega. En efecto, se trata de una experiencia aún no concluida. Mientras el modo egipcio ha concluido un ciclo al menos en apariencia, el griego se convierte en algo híbrido y comienza no tanto a evolucionar sino a decaer. Casi parece que hubo un flujo que se ha interrumpido y que se retoma varias veces sin que aún haya llegado a su conclusión. Teóricamente, nuestra civilización siempre se ha remitido al mundo griego, pero la experiencia se ha alterado y está completamente ausente. Remitirse al mundo griego significa tratar de encontrar el punto de reunificación para el futuro, al menos el próximo. Acá interviene la sabiduría pitagórica, como ha sucedido muchas veces en la historia. Interviene con el camino de la cultura, de las artes, con ese camino que lleva a conectarse con las musas y por ende con los principios. Estos se mencionan en el Timeo, cuando Platón habla de Neith —igual que Palas Atenea—, así como Minerva es el mismo principio de Neith, que es Isis. Minerva y Neith son Isis, aspectos de la Madre. En el curso de la historia está siempre Palas Atenea, está siempre Minerva, Neith, siempre Cibeles, y muchas Marías. Todos principios que han constituido una base de civilización. Se trata solo de retomar un polo que Grecia dejó intacto, algo aún inconcluso.

Con Roma asistimos a una parábola ulterior, hay una real contribución a la civilización, pero un oscurecimiento del principio Palas, del principio femenino de la cultura, de su aspecto Madre. Siempre hubo un predominio masculino creciente y prepotente en su peor sentido, o sea, de predominio externo y no de «dominio interno». La idea del héroe griego plantea como esencial la conquista de sí mismo, con Roma el héroe se convierte en conquistador externo. Pitágoras fue un verdadero héroe, no un héroe de las conquistas políticas y económicas, y él es quien ha logrado reunir, llevar a unidad la naturaleza humana y la divina. El culto a la musa está estrechamente vinculado al verdadero significado del héroe, que forma parte de aquella categoría particular de seres que se podrían asimilar a los maestros de sabiduría. Con este sentido se llamaba «héroe» e «hijo de Apolo» a Pitágoras; el muslo de oro está allí para recordar su parentesco.

Todos estos elementos forman parte de un preciso sentido de la evolución del ser humano, hoy bastante incomprendido. Platón intenta recordar a los egipcios en toda su obra, cuando habla de la república ideal se hace una referencia a los egipcios, cuando menciona la Atlántida sigue hablando de los egipcios y de ciertos cánones estéticos que se habían seguido durante más de diez mil años. Se menciona una tradición que hace decir a un sacerdote egipcio, dirigiéndose a Solón, que los griegos, en comparación con los egipcios, eran siempre como niños, y esto juntamente cuando la cultura y la filosofía griegas estaban en su apogeo. Ni siquiera Aristóteles dejará escapar este aspecto pitagórico del conocimiento platónico. Ni siquiera él podrá resistir al culto a la Musa en su sentido más profundo, ni todo aquello que concierne a la doctrina de la armonía aplicada a la política, a la poética, a la metafísica. Aún hoy nos consideramos grandes aristotélicos o grandes neoplatónicos, pero nos hemos percatado de que algunas enseñanzas de estos grandes filósofos no han sido seguidas y comprendidas de modo adecuado, compacto, y esta es una referencia a aquellas fuerzas intelectuales que hubieran debido hacerlo.

La ley de consonancia es una ley justa, no una ley rígida, en la consonancia sucede solo aquello que se encuentra en resonancia, tanto interna como externamente. Es la misma enseñanza que actúa como barrera cuando no se está en sintonía con ella, pero es necesario tener muy presente que el muro lo construimos con nuestras propias manos. Detenerse frente al muro o derribarlo y pasarlo depende de nuestra posibilidad de afinación, depende, por lo tanto, de la proporción, de la relación, de la medida, de la armonía. En la armonía no hay nada vago o impreciso, sino precisión extrema, tal como en la cuerda, donde «un poco más allá» ya no se tiene el mismo sonido. Ese sonido preciso se emite en ese punto preciso, y no en otro; en otro se puede tener un sonido similar, pero no ese. Cuando el afinador comienza a buscar «ese sonido», debe hacerlo con extrema precisión. Esto nos permite comprender la exactitud de la ley de consonancia en relación con el conocimiento y con todos nuestros acontecimientos. No basta solo con poder o solo con desear, porque no es así como se provoca la consonancia; es más, a veces el desear puede provocar extrema presión, extrema tensión, y esto no es consonancia. Todos nosotros tenemos siete centros de energía, y la consonancia se produce cuando los siete «concuerdan», no cuando la voluntad desea que concuerden. Podemos ayudar a que todo se armonice con una leve intervención de la voluntad, pero no podemos forzar que se produzca la concordancia. El hecho de que exista concordancia es otra cosa. Si los siete concuerdan, se puede tener un espejo de lo que debe suceder. Para ayudar a comprender, tomemos el ejemplo del anfiteatro griego, que es un hemiciclo. Aquello que evoca una parte del hemiciclo se crea en la otra parte, y esto tanto del lado del escenario como del espectador. En una palabra, el mismo espectáculo puede ser la celebración de los Misterios o bien una simple comedia. Según la resonancia, la misma escena puede ser una cosa o la otra. Para quien celebra el espectáculo, los espectadores pueden ser un grupo de almas o un grupo de personalidades. Si existe la concordia, la comprensión aumenta.

Esta idea del anfiteatro y del hemiciclo es fundamental. El hemiciclo crea un diámetro, y por ende crea una contrapartida. La otra parte del hemiciclo no es visible, y es allí donde suceden los hechos más misteriosos. Este es el principio del teatro. En los anfiteatros la celebración de los misterios se realizaba mediante obras de música, de danza, de luz. De esta manera los misterios se representaban de forma simbólica. Era posible quedarse con la idea de haber escuchado ciertos cantos, de haber visto a alguien moverse, recitar, o bien se podían comprender los armónicos de esos cantos, esos gestos, esos colores.

Si hay algo que caracteriza a la enseñanza pitagórica es la necesidad de la coherencia, por ende de la consonancia. Acá estamos tratando algunos principios de base, los que conciernen a las musas, la concordia, el acorde/acuerdo, las leyes de la música, del equilibrio, de la armonía, de la necesidad.

Pero ahora detengámonos en algunos aspectos de vida que toman en consideración los principios de un movimiento.

Algunos aspectos de la vida de Pitágoras

Luego del primer viaje a Italia, Jámblico habla de una estadía de Pitágoras en Egipto y Babilonia, y dice:

«Desde allí frecuentó todos los templos con muchísima diligencia y atenta observación, suscitando admiración y simpatía en los sacerdotes y profetas con que se relacionaba y, recibiendo instrucción con la misma diligencia sobre cada asunto, no desdeñó ninguna de las doctrinas por entonces en auge ni persona de renombre por su inteligencia ni rito iniciático, donde quiera que fuera, que mereciera la pena, ni descuidó visitar aquellos lugares donde creyera encontrar algo particularmente importante. En consecuencia, visitó a todos los sacerdotes, sacando provecho de los particulares conocimientos de cada uno. Veintidós años permaneció en Egipto en centros sagrados, estudiando astronomía (C1) y geometría e iniciándose —no superficialmente ni por casualidad— en todos los misterios de los dioses hasta que, apresado por las tropas de Cambises, fue llevado a Babilonia. Allí se relacionó gustoso con los magos que lo recibieron con la misma disposición de ánimo, recibió instrucción acerca de su religión y aprendió el perfecto culto de los dioses, llegando con ellos a la cumbre de la aritmética, de la música y de las demás disciplinas y, habiendo transcurrido otros doce años, regresó a Samos a la edad de cincuenta y seis años aproximadamente * (N 5).

«Reconocido por algunas personas de edad avanzada y admirado no menos que antes (pues les pareció más bello, más sabio y más semejante a la divinidad), y habiéndole su patria invitado oficialmente a ayudar a todos y a hacerlos partícipes de sus pensamientos, no se rehusó y emprendió la enseñanza según el método simbólico, en un todo semejante a la enseñanza de Egipto en la que había sido educado, si bien los samios no fueron muy entusiastas ni adhirieron a él como hubiera sido conveniente y necesario. Pues bien, como nadie lo seguía ni estaba verdaderamente poseído por el amor a las ciencias que intentaba inculcar a los griegos, no por esto despreció ni descuidó a Samos, que seguía siendo su patria, sino que quiso a toda costa que sus compatriotas apreciaran la belleza de las ciencias, y como no lo hacían espontáneamente, se valió de un meditado plan. Él observaba con atención, en el gimnasio, a un joven que se movía con mucha agilidad y elegancia en el juego de pelota. Este era un deportista apasionado pero pobre y sin medios. Pitágoras pensó que precisamente él podía llegar a ser un dócil alumno si se le proporcionaban los medios de subsistencia que lo libraran de tales preocupaciones. Llamó al joven después de su baño y le prometió que le procuraría recursos suficientes e ininterrumpidos para el desarrollo y práctica de su educación deportiva, con la condición de que se dejara instruir gradual y asiduamente, como para no sobrecargarse in ciertas ciencias que él mismo, cuando era un muchacho, había aprendido en pueblos extranjeros, pero que ahora corría el riesgo de olvidar a causa de su vejez y la falta de memoria que esta conlleva. El joven se avino a ello y, con la esperanza de medios de vida, aceptó y Pitágoras intentó enseñarle la aritmética y la geometría, efectuando las demostraciones de cada caso en un ábaco y, durante la enseñanza de cada esquema que había diseñado, le ofreció al joven por su esfuerzo tres óbolos como salario. Pasó en esta ocupación mucho tiempo, mientras con mucho empeño, paciencia y un método excelente, lo guiaba hacia el conocimiento científico, dándole cada vez tres óbolos por el aprendizaje de cada figura. Pero cuando el joven, encauzado en un recto camino, comprendió la excelencia, el goce y la coherencia rigurosa que se encuentran en las ciencias, el sabio intuyó lo que había sucedido, o sea que el joven voluntariamente ya no se iba a alejar, a ningún costo, del estudio, y ya no le dio los tres óbolos, aduciendo como justificación su pobreza. Y una vez que aquel le dijo: «Pero incluso sin éstos estoy dispuesto a aprender y a asimilar tus enseñanzas», le respondió: «Pues ni siquiera yo mismo tengo ya víveres para mi sustento. En consecuencia, he de emplearme en la procura de las necesidades del día y del sustento diario y no está bien que uno se distraiga con el ábaco y ni otras vanidades similares». Así que el joven, renuente a interrumpir el estudio científico, replicó: «En lo sucesivo yo te abasteceré y como hace la cigüeña con sus padres, te retribuiré, y a mi vez, por cada figura te ofreceré tres óbolos». Y a partir de entonces, quedó tan prendado del amor a las ciencias, que fue el único de los samios que abandonó la patria junto a Pitágoras; tenía su mismo nombre y era hijo de Eratocles. Como es sabido, se conocen sus estudios sobre educación física y su dieta para alimentar a los atletas de entonces a base de carne en lugar de higos secos, obras que equivocadamente se atribuyen a Pitágoras, hijo de Mnesarco. Se dice que, por la misma época, Pitágoras despertó la admiración en Delos, cuando se acercó al altar llamado incruento, consagrado a Apolo Engendrador, y le veneró. Desde ese momento se dirigió a visitar todas las sedes de los oráculos y se detuvo en Creta y en Esparta para el estudio de las respectivas leyes. Una vez conocedor y experto de todas estas cosas, regresó a la patria y se aplicó a los estudios que había interrumpido. En primer lugar hizo construir en la ciudad una escuela, el llamado todavía hoy Hemiciclo de Pitágoras, en el que aún los samios se reúnen para deliberar sobre asuntos de interés común; ellos consideran, en efecto, que sobre lo bueno, lo justo y lo útil se debe indagar en el lugar constituido a tal fin por quien fue el fundador de estos estudios. Fuera de la ciudad, se hizo preparar una gruta para apartarse en soledad en la meditación filosófica; en ella pasó la mayor parte del día y de la noche, indagando sobre la utilidad práctica del saber científico, según el mismo entendimiento que Minos, el hijo de Zeus. Y mucho se diferenció de los que posteriormente fueron seguidores de sus enseñanzas, porque aquellos se vanagloriaban grandemente de estudios de poca monta mientras que Pitágoras llegó hasta el fondo de la ciencia de las cosas celestes alcanzando su plena comprensión con acabadas demostraciones aritméticas y geométricas» * (N 6).

«Y más digno de admiración es aquello que hizo después. Ya su filosofía tenía muchos seguidores y toda la Hélade tributaba a Pitágoras una admiración unánime, los mejores y más sabios acudieron a él en Samos y querían ser partícipes de su cultura y formación espiritual. Sus conciudadanos le confiaban su representación y le imponían cargos públicos. Pero él comprendió que si hubiera permanecido allí, obediente a las leyes de la patria, difícilmente hubiera podido consagrarse a la filosofía, razón por la cual todos los filósofos precedentes habían pasado su vida en el extranjero; reflexionando todas estas cosas consigo mismo y evitando los cargos públicos, o también, como algunos aseguran, aduciendo como motivo la indiferencia de sus conciudadanos hacia la cultura, partí para Italia, considerando como su patria el país que tuviera el mayor número de personas deseosas de aprender. Y primeramente, en la muy famosa ciudad de Crotona, consiguió muchos admiradores y seguidores con sus exhortaciones. (Se cuenta que seiscientos personas lo siguieron, impulsados no solo por la filosofía que profesaba, sino también por la denominada «vida comunitaria» que imponía. Eran estos los que filosofaban, mientras que la mayoría eran oyentes, a los que llaman «acusmáticos».) En una sola lección, según dicen, la primera que públicamente pronunció luego de su llegada a Italia, se le adhirieron por sus palabras más de dos mil personas, con tanta convicción que ya no desearon regresar a sus hogares, sino que junto a sus hijos y mujeres construyeron una enorme casa de los oyentes y fundaron la universalmente llamada Magna Grecia. De él recibieron leyes y normas, que nunca más violaron, como si se tratara de preceptos divinos, perseveraron en la plena concordia con toda la comunidad de los compañeros, encumbrados y considerados felices por los vecinos. Consideraron comunes sus bienes y desde ese momento en adelante consideraron a Pitágoras entre los dioses, como si fuera una deidad buena y muy amiga de la humanidad. Unos lo celebraban como Apolo Pitio, otros como Apolo de los hiperbóreos; otros como Peán, otros incluso como una de las deidades que habitan la luna; otros, finalmente, lo identificaban con este o aquel dios del Olimpo, manifestando que se había aparecido a las gentes de entonces en figura humana, para ayuda y corrección de la vida mortal, para que obsequiara a la naturaleza mortal la chispa salvadora de la beatitud y de la filosofía; de la cual ningún bien mayor —donado por los dioses— se ha presentado ni se presentará jamás a los hombres. Por eso, todavía hoy, un proverbio lo celebra con el más grande respeto.»

«Y cuenta también Aristóteles, en sus escritos 'Sobre la filosofía pitagórica' que, entre los temas más secretos, fue guardada por los hombres de la secta la siguiente distinción: Dios forma parte del ser vivo racional, también el ser humano, y, por así decirlo, Pitágoras. Y muy razonablemente pensaron que era un ser de tal clase, por cuya mediación se introdujo una concepción recta y acorde con la realidad acerca de los dioses, los héroes, los démones, el universo, el vario movimiento de las esferas y astros, eclipses, declinaciones, anomalías, excentricidades, epiciclos, y acerca de todo lo existente en el universo: cielo, tierra y naturalezas intermedias, visibles e invisibles. Así se introdujo una concepción correcta y acorde con la realidad que no se contradecía, en modo alguno, con ninguna de las evidencias o de las percepciones intelectuales. Se implantaron también entre los griegos las ciencias, tanto las contemplativas como todas las que dependen del conocimiento, que originan realmente la visión del alma y purifican la mente de la ceguera que motivan otras ocupaciones, con la finalidad de poder ver los principios auténticos y las causas de todo, en general. La mejor constitución, la concordia entre los ciudadanos, «las cosas de los amigos son comunes», el culto a los dioses, la piedad con los difuntos, la promulgación de leyes, la educación, la prudencia en el lenguaje, el respeto a los demás seres vivos, la continencia, la templanza, la sagacidad, la práctica divina y todo aquello, por decirlo de una vez, que es ambicionado y ansiado por los amantes del saber tuvo su aparición gracias a él. Con razón, pues, por todo esto, que ahora exponía, admiraban a Pitágoras tan intensamente». (N 7). * Traducción de Jámblico, Vita Pitagorica, Cap. V, Laterza.

El bien común, la comunidad y el cenáculo

De esta lectura de Jámblico surgen muchas cosas, si bien algunas parecen descontadas. Antes que nada, nosotros estamos intentando introducir la figura de Pitágoras. ¿Qué aparece esencialmente? En primer lugar se destaca la línea educativa, la necesidad de comunicar y sobre todo la participación total de la vida. Este último hecho aparece muy claro, mucho más claro que en todos los demás. Se habla, en efecto, de la vida en común, que es justamente la característica pitagórica, y luego se habla también de la comunidad de bienes. Se menciona una verdadera comunidad que en ese tiempo adquiere una fuerza notable y que incide en muchos hechos, incluso en el gobierno de Crotona.

Es evidente que para formar hoy una sociedad de ese tipo debe haber una base como la ofrecida por Pitágoras, y esto no es tan simple. De todos modos, bien o mal, tenemos una vida común, como grupos y como comunidad. El problema es que esta comunidad no está construida sobre bases verdaderamente comunes. Una base realmente común tiene como primer objetivo hacer más humano, más perfecto al ser humano. No se trata de formar un determinado tipo de sociedad con grupos que realicen una determinada experiencia, sino que esta última debe ser llevada mucho más allá. Es posible, pero la base debe ser muy fuerte, sobre todo debe existir este amor por el conocimiento, amor entendido en sus más diferentes formas, dado que no se trata solo de conocimiento intelectual. Desde esta base se debe poner en movimiento la así llamada vida en común. Por ejemplo, una de las bases es poner en práctica la total comunión de bienes. Muchos hablan de escuela, pero la pitagórica era una verdadera comunidad, era un cenáculo. Había muchos otros modos de llamar a este grupo pitagórico, pero en la realidad se trataba de una total vida en común que seguía determinados ritmos.

Una categoría de personas tenía una posición algo diferente, estos eran los acusmáticos, que también formaban parte de la vida, aunque ellos transitaban un período que podemos definir de aprendizaje. Ser acusmático no significaba no hablar y no participar en nada, sino que se pensaba que mientras la persona no hubiera superado algún problema vinculado al yo no podía discutir, y esto es lógico, porque cuando se inicia un aprendizaje de cualquier tipo no se puede comenzar a discutir o a dar opiniones sobre aquello que aún no se sabe. La discusión se producía luego, cuando el discípulo tenía una idea completa porque había escuchado mucho (C 2). Sobre todo este era un período de disciplina, porque Pitágoras sabía muy bien que lo primero que hace la mente es querer emitir opiniones aunque aún no sepa. Pero esta era solo una parte del aprendizaje, ya que había cosas mucho más importantes que estar en silencio. Por ejemplo, los otros discípulos se burlaban de los recién llegados en todos los modos y todas las formas posibles para ver si se ofendían, eran criticados, se les decía que tenían algo que no estaba bien, y otras pruebas similares. Si se ofendían, quería decir que estaban muy incrustados en el ego. Si no se ofendían, luego de un período de esta aparente burla, seguían adelante. Si se ofendían, no se los consideraba muy aptos para el aprendizaje de tal enseñanza.

Entonces, inicialmente eran sometidos a pruebas algo más duras para poder acercarse luego a niveles como el de los «matemáticos» (C 3), y lo que sabían estos últimos eran conocimientos muy importantes que no podían ser comprendidos sino luego de haber atravesado estos primeros estadios. En una palabra, si nos ofendemos, significa que el yo es aún demasiado fuerte, y en estos casos es muy prudente no confiar a este «yo» ningún tipo de conocimiento porque seguramente será utilizado por el «yo» para su propio beneficio y en detrimento de otros.

Por ende, no era muy simple entrar en la escuela. Este era un modo que en su momento tenía mucha importancia para una buena selección. En esas épocas se realizaban diferentes selecciones antes de llegar a núcleos mucho más esenciales. De todos modos hay que decir que las selecciones ocurren igual y rápidamente, si bien no de esta manera.

Hoy no se trata tanto de trasladar a nuestra sociedad este tipo de vida, pero sí los principios, porque estos se pueden aplicar en cada campo. Por lo cual en el caso de hoy es importante comenzar a conocer poco a poco cuáles son los principios sobre los cuales actuaban los pitagóricos, para llegar a percatarse de que no se trata de un hecho del pasado, de una experiencia pasada y caída que ha dejado de tener validez.

Es importante además destacar que la comunidad pitagórica no era de tipo ascético, sino que se hacía vida común de pareja y se daba mucha importancia a la mujer. En efecto, una de las características fundamentales de la escuela es la importancia que Pitágoras da a la mujer, aunque luego haya habido diferentes matices o cambios. La enseñanza pública de Pitágoras en Crotona inicia instruyendo a las mujeres, haciendo con este acto algo que no era muy común en esos tiempos y que tampoco luego ha sido muy común. No solo eso, antes de Pitágoras existía este rol secundario de la mujer, pero también después de él se vuelve a caer en el concepto limitado de la mujer como madre y como esposa, concepto que se estabilizará totalmente en el cristianismo. Las mujeres, en la comunidad, tenían el mismo rango que los hombres y hubo mujeres pitagóricas muy importantes que transmitieron toda la enseñanza (N 8).

La última de ellas fue la neoplatónica (C 4) Hipatia, asesinada por orden del patriarca Cirilo, que se hizo famoso justamente por esta masacre. Hipatia era muy famosa, fue un personaje de gran potencia en su tiempo, el siglo IV d.C. (N 9).

Pitágoras, entonces, atribuye a la mujer el mismo valor como ser humano que al hombre. Ya en esas épocas las mujeres eran más numerosas para las enseñanzas. Se dice que el propio Pitágoras tiene una hija que será una de las educadoras más importantes de su escuela. Vemos entonces que no había nada ni contra las mujeres ni contra una vida de pareja que fuera armónica. Este es un hecho que nos resulta casi imposible si observamos a los grandes sabios. La importancia que Pitágoras otorga a la mujer es una de las características bien precisas de su enseñanza. Y ¡qué casualidad! esto sucede casi en simultáneo con Buda, quien va contra los brahmanes al hacer abrir la comunidad también a las mujeres y brindándoles acceso directamente al discipulado. En las comunidades indias, con Buda, hay cohabitación de mujeres y hombres. Esta es una revolución total para la India, pero también lo es en el caso de Pitágoras. Luego de lo cual se regresa nuevamente al mismo estado involutivo. De todos modos, hay un precedente pitagórico bien claro. La vida común, con Pitágoras, no es vida común entre un grupo de personas como podrá suceder en otros órdenes, sino una experiencia muy enraizada en la relación con la naturaleza. Detrás de esta forma de ser hay un elevado nivel de conciencia y de sabiduría correspondientes a un gran iniciado.

Si la relación en la comunidad ha sido de las mejores, no se puede decir lo mismo de la relación entre la comunidad y el resto de la sociedad crotoniata. El final del primer pitagorismo se debe en parte también a este hecho. Imaginemos, en un momento similar, tantos conocimientos, tantas iniciativas, tanta vanguardia, y todo concentrado al mismo tiempo. Esto era realmente mucho, era demasiado. Parece que los miembros de la comunidad tuvieron para Crotona, y no solo para Crotona, gran poder de decisión política. Se trataba, en efecto, de gente especialmente elegida, eran los «*optimates*», o sea los más dispuestos, los más preparados. Imaginemos un grupo de este tipo, que podría ser llamado grupo de aristócratas solo en el sentido que todos tenían un estado interior muy elevado y el menor de ellos estaba muy alejado de la más elevada persona común. Estas personas intervenían en todos los asuntos de la ciudad, en las batallas y en la vida pública.

La comunidad respetaba las leyes de la ciudad, solo que a continuación comienza a haber una cierta divergencia según las interpretaciones. La gente veía el modo de vivir pitagórico como si estuviera separado del propio modo habitual de vida, porque en la comunidad había demasiado conocimiento y demasiada armonía. Es interesante destacar en este momento que «demasiado bien no era bueno». Pero ha sido así casi siempre, durante toda la historia, no es que esto resulte extraño: hay mucho saber, hay soluciones para todo, conocimiento interior, conocimientos celestes, pero por ignorancia, incomprensión y egoísmo es necesario bajar todo, nivelar hacia abajo, no hacia arriba.

Llega el momento, y esto lo citan tanto Porfirio como Jámblico, en que Cilón, un individuo muy poderoso de Crotona pero de temperamento tiránico, se siente ofendido por Pitágoras porque no lo admite en su escuela. A Pitágoras le interesaba de modo especial que este individuo hubiera logrado adaptarse al ritmo particular de la comunidad, ritmo que seguían todos los discípulos, pero no fue así. Un tiempo después del rechazo, durante una reunión de los pitagóricos en casa de Milo (uno de ellos), esta se prende fuego y se dice que en el incendio murieron casi todos los discípulos. Algunos afirman que murió el propio Pitágoras, otros dicen que logró ir a Metaponto. Se habla de una masacre.

Antes se habló de divergencias. La destrucción de la escuela se debe a una cuestión de envidia, sucedió por no haber admitido a una persona. Pero Cilón, también muy rico y poderoso, fue muy hábil para fomentar las divergencias en la gente de Crotona. Desde entonces el mundo no ha cambiado mucho.

En el presente caso de la escuela, estamos ante el surgimiento de algo nuevo y muy importante que se destruyó por una mínima ofensa. Los discípulos que sobreviven esconden todo, se dice incluso que conservaban escritos del propio Pitágoras. Entonces, luego de la masacre se esconde todo, ya no aparece aquello que los pitagóricos sabían y conocían, hasta el momento que son llamados nuevamente a Crotona y son revalorizados. A partir de ese momento la relación entre la comunidad y el resto de la sociedad parece haber sido la mejor, parece que el de los pitagóricos fue el momento de mayor bienestar para la Magna Grecia.

Existió entonces, tanto antes como después de la destrucción física de la escuela, un aspecto innovador que no era subversivo respecto de las leyes, al contrario. Si democráticamente, en un lugar donde era necesario contar con un número determinado de votos, había doscientos pitagóricos que tenían una única idea, es evidente que incidían en el voto con su fuerza, porque eran doscientos votos, todos pitagóricos, y podían ser incluso la mayoría. Se han mencionado casos por el estilo, pero estos causaban bien y no mal. Los pitagóricos se adentraban en el ordenamiento de la sociedad con la fisonomía que les era propia. En este caso, jamás se habló de subversión de los pitagóricos. De innovación, sin duda que sí. Solo que, cuando proviene de una fuente de sabiduría, la innovación debería al menos ser escuchada, porque se trata de un cambio profundo.

El pitagorismo, como tipo de escuela desde el punto de vista formal, ha tenido esa clase de desarrollo innovador. Volviendo por ejemplo a la rebelión de los crotoniatas comandados por Cilón, si no se profundizan las enseñanzas, si aquello que favorece y aquello que no perjudica humanamente es rechazado, no podemos decir que la sociedad ha evolucionado. Esta actitud, lo repetimos, no se ha dado exclusivamente con la escuela pitagórica, no ha sido la única ni tampoco la última.

Es evidente que acá el nivel interior no es bastante profundo. Ni siquiera se podría hablar de rebelión, sino querer negar una evolución más profunda. De hecho, evolutivamente hubo un momento en que el hombre quiso renunciar y tuvo que valerse por sí solo. El momento en que el hombre pierde el contacto con los dioses es histórico. En su infancia, la humanidad estaba en contacto con la naturaleza, existía una relación directa con la tierra y con los dioses. Luego se dice que desciende una especie de velo, y a partir de ese momento el hombre debe crecer solo. Una cosa es dejar de tener un contacto directo, otra es crecer sin rechazar aquello que lo hace crecer. En tanto se rechace o se siga rechazando, el estado en que vivirá el hombre será cada vez más caótico.

Los pitagóricos crecieron solos, y la motivación de esos ritmos la debe buscar cada uno de nosotros en sí mismo, porque se reacciona así frente a algo que se entiende que es profundo. Y los frutos de este accionar se han visto, porque el período de mayor florecimiento para la magna Grecia fue justamente el del pitagorismo.

COMENTARIOS AL CAPÍTULO II

C 1. En los templos de Egipto, pero sobre todo en los de Babilonia, la astronomía se estudiaba «en globos hechos de zafiro que sostenían las imágenes doradas de los respectivos dioses» (Filóstrato: Vida de Apolonio de Tiana). «Inmensas máquinas representan el cielo nocturno con los planetas y todas sus revoluciones, con los ángeles que presiden sobre ellos» (Cedreno). En estas esferas estudiaba Pitágoras la astronomía. Son «las misteriosas ruedas» de Clemente de Alejandría (gran doctor de la Iglesia y uno de los pocos papas sabios por haber sido inicialmente neoplatónico) y de Dionisio Aeropagita.

C 2. Con la escucha, la mente se eleva por encima del plano en el que vive habitualmente y alcanza puntos cada vez más altos desde los cuales se permite una visión cada vez más amplia sin perder los detalles. Es como si con la escucha hubiera mayor «alta fidelidad» para la realidad de las cosas. Si un individuo «escucha» un elevado principio, puede permanecer «magnetizado» por él al punto de vivirlo en sí mismo: el magnetizador (principio) y el magnetizado (aquel que escucha) viven en unidad indisoluble.

C 3. Los matemáticos eran aquellos que iban muy en profundidad. Poder penetrar en la matemática no era simple. Los matemáticos eran los que sabían, y por ende podrían sumergirse en otro tipo de ritmo, en un conocimiento más profundo.

C 4. El propio término «neoplatonismo» indica que la escuela se remite directamente a las enseñanzas platónicas comentándolas de una forma nueva. Pero es de Pitágoras de quien se está hablando, ya que Platón es reconocido como su discípulo. Entre las filosofías occidentales es la que más se aproxima a las enseñanzas hindúes sobre el Advaita, o sea sobre el Uno. Esto porque Pitágoras fue alumno directo de los gimnosofistas hindúes de la India. Estamos en el 400 d.C. El fundador fue Amonio Saccas, el «Instruido por Dios» y sus máximos representantes fueron Plotino, Porfirio, Jámblico y Proclo.

NOTAS AL CAPÍTULO II

N 1. Son Grandes Seres —y Pitágoras bien se puede contar entre ellos— que supervisan la evolución de todos los reinos del planeta, incluido el humano.

N 2. Algunos dicen que este lugar se encuentra en un plano hiperfísico en el desierto de Gobi, otros entre los inaccesibles valles del Himalaya. Se dice que allí mora el Señor del mundo con sus más estrechos colaboradores.

N 3. Véase Jámblico. Vita pitagorica. Cap. XIII. Laterza .

N 4. Platón. República. Libro décimo, XIV.

N 5. Jámblico. Vita pitagorica. Cap. IV. Laterza.

N 6. Jámblico. Vita pitagorica. Cap. V. Laterza.

N 7. Jámblico. Vita pitagorica. Cap. VI. Laterza.

N 8. Las mujeres pitagóricas más famosas fueron las siguientes: Timica, esposa de Milias de Crotona; Filtis, hija de Teofris de Crotona y hermana de Bindaco; Ocelo y Ecelo (hermanas de Ocelo y Ocilo) de Lucania; Quelónide, hija del lacedemonio Quilón; Cratesíclea, esposa de Cleánoro de Lacedemonia; Téano, esposa de Brontino de Metaponto; Myia, esposa de Milón de Crotona; Lastenia de Arcadia; Habrotelia, hija de Habróteles de Tarento; Equecratia de Fliunte; Tirsenis de Síbaris; Pisírrode de Tarento; Teadusa de Lacedemonia; Beo de Argos; Babelica de Argos; Cleecma, hermana de Autocárides el lacedemonio. Traducción de Jámblico. Vita pitagorica. Cap. XXXVI. Ed. BUR.

N 9. Hipatia, la instructora del obispo Sinesio, era una de las glorias de la escuela hasta el fatal y vergonzoso día en que fue asesinada por el populacho cristiano por instigación del obispo Cirilo de Alejandría. La escuela finalmente se transfirió a Atenas y fue cerrada por orden del Emperador Justiniano. H.P. Blavatsky: Doctrina Secreta. Vol. VII.

CAPÍTULO III

PITÁGORAS , MAESTRO EDUCADOR

- *El silencio pitagórico.*
- *Una jornada pitagórica.*
- *Fisonomía y belleza.*
- *Educación: arte pitagórico y socrático.*
- *Las máximas simbólicas y la intuición*
- *Reminiscencia y mayéutica.*
- *El hombre armónico.*
- *La Música es la única incapaz de engañar. La Eufonía*

Cuando pienso en aquellos que se abandonan a las leyes del mundo me invade la tristeza.

Y tuve la certeza de que el fin perfecto de mi meditación era ampliar aún más mi dedicación a la doctrina y a las criaturas.

Milarepa

El silencio pitagórico

Veamos ahora cómo estaba organizada la vida de los pitagóricos y cómo se buscaba una idea de armonía en cada cosa que se realizaba. Detengámonos en algunos puntos importantes, por ejemplo, en el hecho de aprender a callar sobre aquello que se aprendía, y veamos el motivo.

Pero hagamos hablar directamente a Jámblico:
«En primer lugar, en la realización de la prueba, examinaba si podían «refrenar el habla» (era ésta la expresión que usaba) y observaba si, al aprender lo que oían, eran capaces de mantenerlo en secreto y guardarlo; en segundo lugar, si eran modestos. Ponía más empeño en que callaran que en que hablaran. Examinaba también todo lo demás, no fuera a ser que se excitaran incontroladamente ante la pasión o el deseo (C 1), reparando siempre en estas cosas con atención, como, por ejemplo, de qué manera se comportaban ante la cólera o bien ante el deseo, o si eran pendencieros o ambiciosos, o cómo se comportaban ante la rivalidad o la amistad. Y si al examinarlo todo con rigor quedaba manifiesto que estaban dotados de un buen carácter, entonces examinaba su capacidad de aprendizaje y su memoria. En primer lugar, si podían seguir sus lecciones con rapidez y destreza; en segundo lugar, si les acompañaba el afecto y la templanza por las enseñanzas que se impartían.

Examinaba, en efecto, si eran de una docilidad natural y a esta condición la llamaba «perfeccionamiento» *(katartysis).* Y consideraba la fiereza como contraria a tal método de vida: porque a la fiereza acompaña la impudicia, la desvergüenza, el desenfreno, la intemperancia, la torpeza, la anarquía, el deshonor y otros defectos por el estilo; en cambio, a la docilidad y a la mansedumbre siguen conceptos contrarios. Pues bien, en la prueba observaba tales rasgos y con ese objetivo ejercitaba a sus discípulos; escogía a los que se acomodaban a los beneficios de su ciencia y de este modo intentaba elevarlos al saber. Pero si observaba que alguno no se adaptaba, lo despedía como si fuera de un elemento extraño y extranjero» (N 1).

Acá Jámblico cierra un pequeño capítulo sobre algunos de los primeros métodos de enseñanza. Sobre todo habla de lo que Pitágoras entendía por silencio y cómo se podía producir la purificación por su intermedio. En el pitagorismo la «escucha» se consideraba uno de los métodos educativos más importantes (C 2). Se habla de silencio pitagórico no para definir el vacío verbal y de pensamiento, sino un silencio cargado de contenido y denso de significados. Es la idea de una actitud elevada que no tiene relación con el silencio común. Esta concepción, más allá de las palabras refleja, según los criterios pitagóricos, un conocimiento detallado y muy profundo de cómo se mueven las ondas del sonido en la elasticidad del espacio. El silencio no se refería simplemente al callar, sino a una onda que se mueve, como la musical. También esta última se mueve en el espacio, pero debe ser acogida en el silencio, a diferencia del sonido audible que se transmite en el aire. Por consiguiente, el silencio pitagórico es un sonido que se mueve en otra dimensión, es un sonido análogo al denominado Nāda o sonido inaudible del hinduismo. Entre el «silencio pitagórico» y el «nāda» de la filosofía hindú hay un paralelo muy estrecho: de hecho, los hindúes consideran el nāda como ese sonido que no nace de la fricción con el aire, sino que es transmitido por otra vía pero que de todos modos sigue movimientos ondulatorios.

Naturalmente no se llegaba al extremo de que los alumnos no hablaran ni fueran partícipes en absoluto. Es claro que no podemos aprender a escuchar cuando mantenemos un cierto tipo de silencio. Entonces, saber escuchar era la primera forma de aprendizaje dado que se podía tener una visión completa de las cosas, y la escucha, la música y el sonido como conocimiento son las prerrogativas del silencio pitagórico. El propio Pitágoras era un maestro de la escucha del silencio, porque podía oír, único, la música de las esferas y su relación. Al decir música de las esferas queremos significar los sonidos estelares y los sonidos planetarios, que la radioastronomía nos confirma como reales. Dicha ciencia establece que cada cuerpo tiene una vibración, que cada cuerpo en movimiento emite ondas de un determinado tipo que pueden ser escuchadas. Esto se produce a un nivel físico, mientras que Pitágoras no solo escuchaba el sonido de las esferas, sino que comprendía también su significado y su movimiento.

Este tipo de actitud siempre se ha confundido e interpretado como secreto, y esto demuestra que los conceptos se tuercen a punto tal que resultan invertidos. Callar sobre el aprendizaje no es guardar un secreto. En cualquier campo, cuando se habla de actitudes secretas, no se está diciendo la verdad, porque si las enseñanzas se manifiestan y no se comprenden, es como si no se hubieran explicado. En todo caso, el hecho de callar es un signo de sabiduría, por saber que algunas cosas se pueden comunicar solo en el momento oportuno y que no dependen ni siquiera de la palabra. La equivocación que se comete con respecto a la cuestión de las enseñanzas secretas es que tenemos la idea de imaginar que hay cosas escondidas donde no hay ningún secreto, porque, y lo repetimos, si una enseñanza se comunica y no se comprende, no se transmite nada. Por lo cual queda de todos modos escondida independientemente del hecho de que se exprese verbalmente o no, y esta es la única diferencia entre lo exotérico y lo esotérico: todo es esotérico cuando no se comprende, y en el momento que comprendemos, ya nada es esotérico.

Callar respecto de una enseñanza era ante todo la idea de una gran «escucha activa» (C 3) que no se debía disipar energéticamente. ¿Por cuál motivo se debe disipar la energía antes de haberla hecho nuestra, o mejor dicho, antes de reconocer en nosotros una cierta realidad? Al aprender no se reciben solo nociones, la educación es un ente que existe en nosotros, no se trata de una cantidad de conceptos que se suman unos a otros. Cuando las enseñanzas las transmite alguien que las vive, son más verdaderas y tocan un punto de resonancia con la propia energía individual. Pero si apenas se reciben se retransmiten con la intención de comunicarlas pese a no haberlas hecho aún propias, en realidad se está disipando la energía y se rompe ese silencio. Por ende se ve que el callar no es no comunicar, no es no transmitir, sino que significa, como se transmite en muchas tradiciones: «¡No importunar con esta enseñanza a nadie!». La comunicación se debe realizar en el momento justo, pero por lo general, cuando se recibe una revelación, lo primero que viene a la mente es comunicarla a otros. Esto es justo, solo que no nos preocupamos mucho de «cómo» participarlos y de «cómo» comunicarla, y al hacer esto no somos conscientes del efecto de una enseñanza.

Luego de esta importante premisa es necesario evidenciar de manera particular cómo se vivía el primer momento de la jornada: se debía transcurrir realizando un paseo matutino en soledad.

Una jornada pitagórica

Entonces, Jámblico dice:
«Acerca de las actividades que había encomendado para todo el día a sus discípulos, hablaré a continuación porque, bajo su dirección, así obraban los que seguían sus pasos. Estos hombres hacían paseos matutinos en solitario y por parajes tales en que solía haber calma y una tranquilidad adecuada, donde había templos, bosques y sitios para regocijarse» (N 2).

Acá se debe destacar que la meditación que dejaba en la memoria un signo inconfundible era la que se realizaba a la mañana y a la noche. La de la noche debía reproponer todo lo realizado durante la jornada recordando y evaluando cada detalle y cada acción. La de la mañana tenía la finalidad de llevar la propuesta de vida para la jornada, aquello que se iba a realizar y cómo se iba a cumplir. Esta era una de las primeras meditaciones que Pitágoras aconsejaba para volverse conscientes de cada acción. Hacer el examen de los momentos de conciencia y de inconciencia era también una práctica de constante memoria de sí, incluso al dormir. Antes de dormir se escuchaba una serie de músicas adecuadas para el pasaje del dormir al sueño profundo. A la mañana esta meditación era necesaria antes de disponer el ánimo para comunicar con los demás.

Ahora veamos bien este punto:

«Creían, en efecto, que era necesario no encontrarse con alguien hasta sosegar su propia alma y ordenar su mente. Y tal tranquilidad era apropiada para el sosiego de la mente, pues consideraban turbador introducirse entre la gente, nada más levantarse. Por lo cual todos los pitagóricos escogían los lugares de un carácter más sagrado» (N 3).

¿Por cuál motivo consideraban perturbador mezclarse con la gente apenas levantados? No simplemente porque aún no se tenía una perfecta armonía, sino porque se decía que en el mundo del sueño hay una serie de experiencias de las cuales era necesario purificarse. Al no ser perfecto, al no haber visiones claras, el mundo de los sueños –no del sueño profundo del dormir– debía estar sujeto a purificaciones y por lo tanto a armonía por medio de la música y un momento de soledad. En el período de preparación, en los momentos iniciales del proceso catártico, lo importante era purificar al discípulo de todos los desechos que poseía. El discípulo estaba permanentemente acompañado, porque la idea previa era que se acercara a una naturaleza superior, que se hiciera «hombre». Estaba todo el pasaje de la purificación, de un verdadero baño, antes de alcanzar una determinada vibración constante.

Este proceso, como dijimos, estaba ayudado fundamentalmente por la música y la meditación. Acá recordemos el rol que la música, y sobre todo los sonidos de la lira heptacorde (N 4), tenían en la escuela pitagórica. Indagar en esto con un poco de atención nos ayudará a descubrir una serie de misterios del alma humana, la posibilidad de armonizar la conciencia valiéndonos de ciertos tonos, ciertos sonidos, ciertas melodías. En el pitagorismo se hablará de melodías y modos particulares, como por ejemplo el modo dórico que era el que Pitágoras más utilizaba para promover un estado de armonía interior. La construcción del modo dórico nace del triángulo, y por ende la escala usada tenía una relación directa con el individuo para armonizarlo «triangularmente».

Continuemos:

«Después del paseo matutino, se relacionaban entre sí, especialmente en los templos y si no, en lugares de ese tipo. Y ese momento lo empleaban para la enseñanza, el aprendizaje y la corrección de la conducta. Después de tal ocupación, se dedicaban al cuidado del cuerpo: la mayoría se ungía el cuerpo y se ejercitaba en las carreras y los menos en la lucha a cuerpo en jardines y bosques; otros, en saltos con pesas o prácticas pugilísticas sin adversario, procurando elegir los ejercicios adecuados para fortalecer el cuerpo. Para desayunar, tomaban pan, miel o un trozo de panal, pero durante el día no probaban el vino» (N 5).

Esto debe ser entendido siempre en relación con el triángulo. Se trataba de llevarse a un punto de tensión desde el cual dirigir luego parte de las energías hacia el exterior, mientras otras se dirigían hacia el interior. El período que va aproximadamente desde el mediodía, donde el sol está en punto más alto, hasta el crepúsculo, que es el recorrido de la hipotenusa, se utilizaba hacia el exterior. De hecho, las horas de la tarde se dedicaban a todo aquello que concernía a lo social.

Y prosigue:

«Y al atardecer, de nuevo se dirigían a los paseos, pero no hacían propiamente el paseo del mismo modo que el de la mañana, sino en grupos de dos o de tres, recordando las enseñanzas y ejercitándose en nobles ocupaciones. Después del paseo tomaban un baño y a continuación comían juntos. No asistían a la comida más de diez hombres. Y una vez que estaban reunidos los comensales, tenían lugar las libaciones y las ofrendas de aromas y de incienso» (N 6) (C 4).

Esta no es justamente nuestra forma de vida cotidiana, pero no podemos decir que nuestro modo de vivir sea más sabio. Los pitagóricos pensaban que no tenían que encontrar a nadie antes de haber preparado bien el alma y puesto en orden los pensamientos, y que para esa condición del alma era oportuna una cierta calma y tranquilidad (C 5). Ellos consideraban perturbador mezclarse con la gente apenas levantados y por este motivo todos los pitagóricos elegían los lugares de carácter más sagrado (C 6).

Esto, simplemente, significaba respetarse a sí mismo y en consecuencia a los demás (C 7).

Al comienzo de la jornada, entonces, estaba el recogimiento del alma y las enseñanzas, que se aplicaban a la tarde. Esto era para seguir un ritmo natural compuesto por una serie de hemiciclos similares al ciclo solar: alba, mediodía y ocaso. La escuela se hacía por la mañana, luego se repetía la lección entre dos o tres discípulos, para que no se olvidara aquello que se había aprendido.

«Después se iban a comer, de modo que terminara la comida antes de la puesta de sol. Tomaban vino, torta de cebada, pan de trigo, companaje y verduras cocidas y crudas. Y se servía carne de animales aptos para el sacrificio y raramente comían pescado, pues algunos de ellos, en su opinión, no eran aptos para el consumo» (N 7).

Por ejemplo, todos los mariscos y las sepias estaban totalmente condenados. Los primeros porque despiertan un centro de energía sexual canalizada no como amor sino como instinto, y en consecuencia de tipo animalesco. Es como encontrar una gran potencia sexual sin ningún tipo de sentimiento. La energía del amor alcanzaba de por sí, y por esta razón no servía ese alimento que aporta energía afrodisíaca, que sí está dada por Afrodita, pero de modo artificial, no producida por el propio hombre, vacía de sentimientos, puro instinto. El negro de sepia, en cambio, producía efectos negativos, porque se lo consideraba la representación de un velo que cae sobre las cosas y no las deja aparecer. Se consideraba que la sepia producía el mismo efecto en los órganos. A cada banquete seguían las libaciones y luego la lectura:

«Era costumbre que leyera el más joven y que el de mayor edad dispusiera tanto la lectura como el modo en que debía llevarse a cabo. Y cuando estaban a punto de irse, el escanciador les preparaba una libación, después de la cual, el de mayor edad pronunciaba estas palabras: «No dañéis ni destruyáis una planta cultivada que produzca fruto, del mismo modo que tampoco dañéis ni destruyáis un animal que no sea perjudicial, por su propia índole, para el género humano. Además de esto, tened también un pensamiento respetuoso y bueno sobre el linaje divino, demónico (para un comentario sobre los demonios remitirse al capítulo VII) y heroico, y del mismo modo reflexionad igualmente sobre los padres y los benefactores, prestad ayuda a la ley y luchad contra la ilegalidad». Una vez pronunciadas estas palabras, cada uno se iba a su casa. Vestían ropa blanca y limpia, e igualmente sábanas blancas y limpias, de lino, pues no usaban pieles. No aprobaban el dedicarse a la caza, ni practicaban tal ejercicio. Tales eran los preceptos relativos a la alimentación y modo de vida que transmitían cada día a la mayoría de aquellos hombres» (N 8).

La jornada por lo general concluía con la repetición de conceptos de orden ético que tenían el objetivo de irse a dormir con una cierta idea mental para que la vibración fuera elevada antes incluso de dormirse. Se sabía que cuanto más elevada fuera esta vibración en ese momento, mayor sería la posibilidad de tener buenos sueños reveladores durante la noche y de tener, por eso mismo, una buena experiencia también en el mundo del sueño, dado que en el proceso de la conciencia todo está vinculado (C 8).

Fisonomía y belleza

El fortalecimiento del cuerpo en el pitagorismo no se entiende como entrenamiento de los músculos, sino con el sentido de dar un justo peso al cuerpo entendido como vehículo de energía, y por ende preocuparse por suministrarle la que fuera justa (C 9). Hacían un cierto tipo de gimnasia armónica que les daba elasticidad y vigor corporal a la vez que vigor mental. Esta era la belleza total que se buscaba en la Grecia antigua, que es muy diferente de la belleza estética (C 10). Cuando nos referimos a la fisonomía, entendemos todas las expresiones que asumen el rostro y el cuerpo en relación con el alma y la psiquis. Si adoptamos ideas y actitudes muy rígidas, nuestras mandíbulas, que son los puntos de mayor tensión, se desplazan hacia delante y hacia atrás creando una expresión tal que modifica toda nuestra fisonomía.

A los pitagóricos no les importaba simplemente ver si el cuerpo era bello o agraciado. Al considerar a los más bellos como los más buenos y los más perfectos, no nos damos cuenta de la diferencia de significado. No se trataba de belleza convencional, sino de aquella que el cuerpo posee en sí y que tiene como condición, admitiendo naturalmente que cambien o se modifiquen ciertos elementos psíquicos que lo están conformando constantemente y lo hacen mutar de una determinada manera. Se envejece, pero según esta idea también se puede envejecer bien. Envejecer no es un mal, incluso con todos los problemas y cambios que comporta.

Con una actitud no cónsona, la máscara es cada vez más inducida a ser realmente desfigurada. En general, cada persona tiene una máscara desde su nacimiento, pero lleva consigo una semilla que puede hacer que no se adopte esa máscara. Aunque el cuerpo ya es una máscara de por sí, se agregan máscaras adicionales a la existente, y esto es lo que precisamente querían evitar los pitagóricos. Ellos, a través de la fisonomía, no solo identificaban factores psíquicos o de enfermedad, sino que además lograban captar la expresión del alma y su forma de manifestación.

Hay otros signos corporales para quien está interesado en la ciencia fisiognómica, signos que se refieren al tamaño y el grosor de los lineamientos, y a algunas proporciones que explican un hecho que nos concierne a todos. Esto no debería maravillarnos desde el momento que cada ser tiene un cuerpo diferente del otro, aunque esté compuesto por la misma materia. Todos tenemos los mismos elementos corporales, pero la conformación es diferente y va variando con el tiempo en el mismo individuo. Este es el único fenómeno que verdaderamente nos representa como seres humanos, porque la belleza se atribuye al hecho de poder expresar la propia alma. Para Pitágoras, la «belleza es la perfecta expresión del alma en la realidad», y es el verdadero concepto de bello y bueno. Nos hemos formado un concepto muy estéril de la belleza, entendiéndola en sentido estético y externo. Para los pitagóricos no había diferencia entre lo que es bello y lo que es verdadero porque es bello. La Trinidad fundamental está formada por el bien, la belleza y la verdad como atributos conectados.

Si expresamos la naturaleza del alma, expresamos nuestra belleza. De aquí el alto sentido estético de los pitagóricos. Ellos decían que no se debe descuidar el Ethos, pero tampoco el Esthetos: lo que aparece es igual a lo que está adentro. Es errado decir que lo que está adentro es diferente de lo que está afuera. Nosotros podemos sentirlo y expresarlo, pero lo que aparece es igual a lo que se halla en el interior, y potencialmente podría aparecer aún más. Por lo tanto el alma se puede expresar porque tiene todos los elementos que puede ofrecer un cuerpo. Este hecho llevaba a los pitagóricos a no decir «*mens sana in corpore sano*», sino «cuerpo sano en mente sana», manteniendo la misma relación pero invirtiendo sus factores. En el primer caso se considera el cuerpo como contenedor de la mente, en el segundo caso el cuerpo es contenido por la mente. Las enseñanzas de Hipócrates (N 9), que siguen este concepto, encuentran sus fundamentos en la medicina antigua.

Educación: arte pitagórico y socrático

Los pitagóricos se distinguieron especialmente en el campo de la educación, y a cada uno Pitágoras daba la educación que le hacía falta. Pero veamos qué dice Jámblico al respecto:

«En general merece la pena saber que Pitágoras encontró muchas vías de educación y transmitía la parte de su saber de acuerdo con la propia naturaleza y capacidad de cada uno. Y esta es la prueba más grande de ello: cuando, procedente de los hiperbóreos, vino Abaris el escita, desconocedor de la educación griega y no iniciado, a una edad avanzada, no lo admitió, en aquel momento, a través de variados temas, pero en lugar del silencio por cinco años, de la escucha por un período de tiempo tan grande y de las demás pruebas, lo puso de inmediato en condiciones de escuchar sus enseñanzas, y con poquísimas palabras le explicó el contenido de su tratado **Sobre la naturaleza** y de otro que versaba **Sobre los dioses**.

En efecto, llegó Abaris de los hiperbóreos, sacerdote de Apolo que allí es venerado, de avanzada edad, y muy experto en temas sagrados. Regresaba de Grecia a su país, a fin de depositar para su dios, en el templo de los hiperbóreos, el oro que había recogido. Y cuando pasaba por Italia, vio a Pitágoras y lo comparó especialmente con su dios, y convencido de que no era otro, ni tampoco alguien parecido a aquél, sino que realmente era el mismo Apolo, y por las rasgos tan venerables que había observado en él y por las características que el sacerdote le había reconocido, devolvió a Pitágoras la flecha que había traído cuando salió del templo, para que le fuera de utilidad ante las incomodidades que surgieran en tan dilatada caminata. Subido en ella, pues, pasó tramos intransitables, como ríos, lagunas, terrenos pantanosos, montes y otros lugares por el estilo (N 10) y por medio de las palabras que pronunciaba, según se cuenta, llevaba a cabo purificaciones y eliminaba epidemias y vendavales de las ciudades que le solicitaban su ayuda. Por lo demás hemos oído decir que Esparta, después de que fue purificada por Abaris, ya no padeció epidemias, siendo así que había contraído antes este padecimiento muchas veces a causa de la insalubridad del lugar en que está fundada, a causa del ambiente sofocante que provocan las cumbres del Taigeto, como ocurre con Cnosos en Creta. Se cuentan otros testimonios parecidos del poder de Abaris.

Pitágoras aceptó la flecha sin sorprenderse por ello y sin preguntar el motivo por el que se la había dado, pero, como si realmente fuera el mismo dios, se llevó aparte a Abaris y le mostró su muslo de oro (N 11) como prueba de que no mentía. Además Pitágoras le enumeró cada una de las ofrendas que se exponían en el templo Hiperbóreo, ofreciéndole un testimonio suficiente de que no lo había comparado mal, y añadió que había venido para el cuidado y bien de la humanidad, y por ese motivo había adoptado forma humana para que, sorprendidos de su superioridad, no se alteraran y rehusaran su enseñanza. Lo instó a que permaneciera allí y participara en la corrección de los que se encontraran, a poner el oro que había recogido a disposición de la comunidad de los adeptos, de todos los que habían avanzado a tal punto en la doctrina, para confirmar en las obras la máxima que dice: «Los bienes de los amigos son comunes». Se quedó entonces, como acabamos de decir, y lo adoctrinó Pitágoras, de un modo resumido, en ciencias de la naturaleza y en teología, y, en lugar de la observación de las vísceras de las víctimas sacrificiales, le transmitió la adivinación a través de los números, considerando que ésta era más pura, más divina y más apropiada a los números celestiales de los dioses; además dio a conocer a Abaris unos ejercicios que se adaptaban a él» (N 12).

Este capítulo XIX tiene gran cantidad de datos y detalles, a menos que se lo desee considerar una bella leyenda en su totalidad. Ante todo vemos que el origen divino de Pitágoras se asemeja al de Apolo Hiperbóreo, una divinidad celeste, solar, cuya residencia estaba más allá de Borea, o sea en el extremo norte del planeta. Recordemos que en esos tiempos se mencionaba la isla de Thule como un lugar de sabiduría de toda una civilización de la que habrían emanado los dioses que estaban encarnados en la tierra, que era la sede de los Hiperbóreos. Por ende, estos vivían en las tierras boreales, donde antaño no había hielo sino vegetación lozana. Esa zona hoy se llama Groenlandia, «Green Land», la tierra verde, la tierra de los Hiperbóreos según la antigua tradición. Abari era un sacerdote de Apolo que reconocía en Pitágoras una proveniencia divina.

En este pasaje de Jámblico es claro que para Pitágoras la educación no es practicable según un esquema fijo, como no lo es para ningún educador verdadero. Él da a cada uno lo conveniente y necesario. Es evidente que Abari no necesita atravesar los grados que eran necesarios a los demás. Él va a la comunidad, habla directamente con Pitágoras, de quien recibe enseñanzas, le reconoce los signos divinos y le entrega su flecha. La flecha, en todas las tradiciones, será siempre el símbolo del alma, tendida desde un arco y que apunta a un determinado centro (C 11), generalmente hacia el sol. La flecha era también símbolo de Apolo Hiperbóreo y entregarla a Pitágoras era como darle un regalo particular. Al mismo tiempo la flecha era el símbolo de este sacerdote, de este hierofante que entregaba a Pitágoras la propia alma y con la cual había hecho peregrinajes y superado obstáculos en diferentes países (C 12).

He traído este capítulo ante todo porque nos indica el estado de conciencia de cada uno de los miembros de la escuela en relación con la metodología de Pitágoras, y en segundo lugar porque tiene una gran cantidad de información realmente interesante si se la toma con la debida consideración. Es muy importante el aspecto de la educación que se imparte según las necesidades individuales, que por ende tiene en cuenta las experiencias de cada uno. Además esta educación da mucha importancia al número como potencia en sí y como potencia adivinatoria. De hecho, en el pitagorismo no se realizaba la lectura de las vísceras de animales como se hacía normalmente en todos lados, y casi nunca se practicaba el sacrificio animal. Se dice que solo en casos particulares, por lo tanto muy ocasionalmente, se sacrificaba un gallo. El convencimiento era que bastaba el conocimiento de los números para comprender la necesidad y sobre todo el mensaje que podían comunicar los dioses, que eran números como esencia. Por este motivo Pitágoras menciona la adivinación por medio de los números, considerándola más pura y más acorde a los números celestes de los dioses.

Las máximas simbólicas y la intuición

En este punto llegamos al simbolismo. Pitágoras utilizaba las máximas pitagóricas, que se refieren a la vida y a la opinión de los hombres, como otra forma de educación. Dado que son numerosas, elegiré algunas de ellas parcialmente explicadas por Porfirio. Hay una, muy conocida en el mundo pitagórico, que es una verdadera sentencia pero, como siempre, está expresada para estimular la intuición. Dice: «No todas las maderas sirven para esculpir en ellas un Mercurio». Mercurio y Hermes son lo mismo como divinidad, y sobre todo representan a un intermediario como el hombre pitagórico, que es intermediario entre la humanidad y los dioses.

En otras máximas se dice que Pitágoras «llamaba al mar lágrimas, a las Pléyades «La Lira de las Musas» y a los planetas los perros de Perséfone, y el sonido que nace del bronce golpeado lo consideraba la voz de uno de los demonios aprisionados en el bronce» (N 13). Y aquí pensamos en ciertos gongs metálicos muy potentes. En estas expresiones se encierran algunos símbolos que inducen a pensar y a reflexionar hasta que se aclare lo que se ha dicho. En un primer momento el significado puede parecer oscuro, también porque referirse a las «Pléyades como Lira de las Musas» puede parecer enigmático. Pero si profundizamos el concepto, vemos que detrás de estas expresiones hay un gran bagaje de conocimiento. La lira tiene siete cuerdas y también las Pléyades son siete; está el sonido, están las musas, y las musas son sustancias, y de estos aparecen los significados. Cada una de estas máximas constituía entonces una semilla de meditación inicial en la escuela, una verdadera enseñanza introductoria. Luego seguía la comprensión profunda del número que según Pitágoras no podía ser comprendido solo por la mente racional, sino que requería una mente intuitiva que, al conocer directamente las cosas, es más apta para la comprensión de esencias infinitas como son los números.

«No pasar por encima de la balanza», que es decir huir de la avaricia. «No herir el fuego con la espada», o sea no instigar con palabras hirientes al hombre altivo e irascible» (N 14).

Bajo el perfil de la ética, que era la primera materia que se enseñaba en la escuela, en estas máximas tenemos una serie de significados, pero también hay otras claves de lectura. Estas máximas son ante todo morales y éticas, dado que era la primera parte del conocimiento impartido. Si recordamos las palabras de Jámblico, la primera prueba que debía afrontar el discípulo servía para demostrar la templanza y el equilibrio. Se requería una buena formación ética, no según un criterio de bondad o maldad, sino como armonía de base para otros conocimientos. Pitágoras, consciente del tipo de enseñanza que debía transmitir, quería estar bien seguro de la perfección ética del discípulo: solo quien poseía profundas dotes morales podría hacer uso de esa enseñanza. Podían ser «matemáticos» solo quienes no deseaban nada para sí mismos, y por esto se les confiaban los asuntos políticos. Esto, naturalmente, valía también en el campo económico y en las otras esferas de la vida cotidiana.

Entonces, primero estaba la enseñanza ética y recién después la matemática. Es claro que esa primera preparación llevaba a una purificación, a una catarsis. Era una premisa indispensable para que parte de los conocimientos se pudieran transmitir y acoger de la manera correcta, o sea asentándolos sobre sólidas bases éticas. De no ser así la enseñanza no se podía impartir, porque hubiera sido totalmente incomprendida. Basta pensar que en el campo musical —con el que cada rama de la enseñanza estaba estrechamente ligada— se hablaba incluso de cierto tipo de música que producía efectos benéficos y de otro que podía provocar un desequilibrio.

Pero regresando a nuestras máximas, también Porfirio explica sus símbolos en clave ética, si bien, como hemos dicho, esta no es la única. «No podar la guirnalda, es decir no violar las leyes, ya que estas son las guirnaldas de la ciudad».

Uno de los principios más importantes de la escuela era el respeto de las leyes vigentes en ese momento, si bien los pitagóricos estaban a la vanguardia respecto de las propias leyes. Esta actitud es proverbial en el sistema pitagórico. En efecto, aun siendo mayoría en muchos casos, no imponían su deseo si no era comunitariamente aceptado (C 13). Entonces «No podar la guirnalda» se atribuye sobre todo a las leyes, pero con una meditación atenta se podrían descubrir otros significados.

Otro proverbio pitagórico poco mencionado es: «No orinar contra el sol», que significa que es inútil y errado pensar en alcanzar el sol con algo de nosotros que aún se debe descartar, que se debe desechar. En otras civilizaciones este mismo concepto lo encontramos expresado como: «No escupir contra el sol», porque en este gesto está la idea de oponerse a quien nos está dando la vida —el sol con su luz—, ofreciéndole un resto de tu cuerpo que debes eliminar, en vez de ofrecerle la mejor parte de ti.

«No comer el corazón» se explica con: «No te aflijas con exagerada congoja», simbolizado por el corazón que se roe. «No estar sentado sobre el almud». «Al partir no mirar atrás». También estos dichos simbólicos tienen diferentes estratos de significado. Este último podía referirse también al momento de la muerte, donde se aconsejaba que no se debían recordar todas las experiencias de la vida terrena apenas transcurrida (C 14).

«Abandona los grandes caminos, sigue los senderos» significa no seguir los caminos de menor resistencia, no hacer las cosas habituales, y se agregaba, en todo caso, seguir solo las que aconsejaban los sabios (C 15). Los grandes caminos por lo general son aquellos que nosotros recorremos, pero el hecho es que también se deberían recorrer otros.

«No permitas que una golondrina haga su nido bajo tu tejado». Las golondrinas son naturalmente ruidosas, por lo que una clave de esta frase puede ser que no se debe recibir aquello que hace demasiado ruido. Porfirio dice que Pitágoras quería decir «no aceptar que habiten bajo nuestro techo personas locuaces e incapaces de contener la lengua». En esta frase es natural que la referencia a la golondrina no es contra el ave, sino contra la fugacidad que representa: se queda durante un breve período, mientras dura la temporada y luego parte. Por eso es el símbolo de la inconstancia y el ruido (C 16).

Estas máximas, parábolas, enseñanzas morales, comienzan a poner en movimiento los planos intuitivos del ser con claridad y limpidez, que es justamente el objetivo de la enseñanza (C 17).

«Ayuda a tus semejantes a levantar su carga, pero no te consideres obligado a llevársela», o sea, exhortaba a socorrer a los demás no para que holgazaneen en el ocio, sino para que puedan entrenarse en virtuosos trabajos. Hay quien explica, entre otras cosas, que quien tiene necesidad de ayuda debe hacer algo más que depositar su peso. No se debe ayuda a quien es renunciante, sino a quien está haciendo un esfuerzo (C 18). «Ofrecer libaciones a los dioses solamente por el asa de las ánforas». Esta es una parábola sobre el sonido. Porfirio dice: «porque de ello se infería honrarlos y celebrarlos con música, pues esta penetra a través de los oídos». Entonces cada uno de nosotros es un ánfora, un contenedor, y su parte exterior está compuesta por los oídos. Es un discurso sobre el sonido y la comunicación con los dioses por medio de la música (C 19).

«No comer lo que no está permitido: nacimiento, crecimiento, principio y fin, ni aquello de donde se origina el fundamento primero de todos los seres»; y entendía que era conveniente abstenerse de los lomos, los testículos, la médula, los pies y la cabeza de las víctimas. Él llamaba base a los lomos, dado que la vida de los seres vivos se apoya sobre ellos, como sobre un cimiento, principio a los pies y fin a la cabeza, dado que estas son las máximas guías del cuerpo.

Pitágoras indicaba que no se debía comer ninguna de estas partes así como en otras civilizaciones no se permitía alimentarse con huevos, no porque hicieran bien o mal, sino por su significado simbólico. En esos casos el huevo representaba el principio y el fin de las cosas, y como tal debía ser respetado. Lo mismo sucede con las habas. Porfirio dice al respecto: «Y cuentan que su objeción la basaba en lo siguiente: en un principio el origen o génesis del universo se presenta en desorden, porque se concentran, se siembran y se pudren a un tiempo muchos seres y, poco a poco, se originó el nacimiento y distinción de los animales que nacían y de las plantas que brotaban de un modo simultáneo; precisamente entonces, de la misma podredumbre, surgieron los hombres y germinó el haba. De ello aportaba testimonios evidentes. En efecto, si se mastica un haba, después de haberla triturado con los dientes, se expone por un momento al calor de los rayos del sol y, a continuación, se retira uno y regresa al cabo de poco tiempo, se encontrará con que exhala el olor del semen humano. Y si se coge un haba en flor, cuando está creciendo, se pone un poco de ella al obscurecerse, en una vasija de barro con una tapadera, se la entierra, y, al cabo de noventa días de haberla enterrado, se excava la tierra, se coge la vasija y se le quita la tapa, se encontrará uno, en lugar del haba, con una cabeza bien formada de niño o con un sexo de mujer». Estas eran las motivaciones conocidas por las que no se debían comer las habas, que tienen relación con el principio y el fin de las cosas, y estaban vinculadas de manera particular con un origen que no debía ser alterado y ni siquiera tocado. Se cuenta que cuando estalló el incendio que momentáneamente puso fin a la escuela pitagórica, los pitagóricos no se salvaron porque no quisieron atravesar un campo de habas * (N 15) (C 20).

Veamos otras máximas:

«Cuando entres en el templo, adora. Allí no dirás ni harás nada relativo a la vida». Es necesario recordar que templo y corazón son lo mismo, y cuando se habla de vida, se hace referencia a la vida común donde no fluye la enseñanza del corazón. El templo no era el físico, y cuando una persona desea entrar en el templo debe cambiar totalmente su propio estado. «No entres en el templo mientras vas de camino sin objetivo ni propósito, ni adores en los callejones ni en las encrucijadas, ni delante de las puertas ni en el vestíbulo». Todas estas frases impulsan a alcanzar el centro, a alcanzar «la cámara interna del corazón», como dirán en India. «Sacrifica y adora con los pies desnudos». «De los dioses y de las cosas divinas nada se dice de maravilloso que no debas creer». «Cuando soplen los vientos, adora el eco».

Diría que estas son las principales máximas simbólicas conocidas en el pitagorismo. Cada una de ellas se subdivide en muchos significados y todo eso sirve para la búsqueda y el desarrollo de la intuición. Con el tiempo, hablar mediante símbolos y parábolas fue cada vez más complejo. Hablar luego mediante símbolos numéricos será un verdadero jeroglífico. El símbolo numérico será la parte más profunda y esencial de la enseñanza pitagórica.

«También se ha transmitido otro modelo de educación a través de las sentencias pitagóricas que se refieren a la vida y las opiniones humanas, de las que referiré algunas, de las muchas que hay. En efecto, exhortaban a excluir de la auténtica amistad la disputa y la rivalidad: de toda amistad, si era posible, pero si no lo era, al menos de la paterna y, de un modo general, de la que se establecía con las personas mayores; igualmente también de la amistad con los benefactores. Pues la disputa o la pendencia con tales personas, si sobreviene la cólera o alguna otra pasión semejante, no salvaguardan la amistad existente. Afirmaban que era necesario que en las amistades surgieran los menos roces y rasguños posibles. Esto podía ocurrir si ambos eran capaces de ceder y dominar su cólera, en especial el más joven de los dos y el que pertenecía a una de las categorías citadas. Las correcciones y advertencias, que los pitagóricos llaman «conversiones», creían que debían tener lugar con gran discreción y respeto en la intervención de los mayores con los jóvenes, y que en las admoniciones se pusiera de manifiesto, en gran medida, la solicitud y la familiaridad. Así pues, surge una admonición decorosa y útil. De la amistad nunca se debe excluir la confianza, ni en broma ni en serio, porque no es fácil mantener sana la amistad existente, cuando de golpe se introduce el engaño en los caracteres de los que aseguran ser amigos. No hay que renunciar a una amistad por causa de una desgracia o de alguna otra contrariedad de las que sobrevienen en la vida, sino que el único rechazo a tener en cuenta de un amigo y de una amistad ha de venir por una situación perversa, grande e irreparable. Tal era el modelo de corrección que tenía lugar entre ellos por medio de sentencias, que atañían a todas las virtudes y a la vida entera».

«El método de enseñanza más frecuente era, en Pitágoras, el que se llevaba a cabo por medio de símbolos. Pues este sistema se practicaba también entre casi todos los griegos, debido a su antigüedad, como los egipcios que lo estimaban en gran medida en sus diversas variedades; igualmente en el caso de Pitágoras se apreció mucho, si se explican con claridad los significados y contenidos secretos de los símbolos, haciendo ver cuánta rectitud y verdad contienen, si se despojan de su envoltorio, se liberan de su forma enigmática y se acomodan, de acuerdo con una tradición simple y sin artificios, a la grandeza de alma de estos filósofos, que sobrepasa, por su condición divina, el concepto humano. En efecto, los que salieron de esta escuela, en especial los más antiguos, que pasaron mucho tiempo con él y eran jóvenes cuando recibían las enseñanzas de Pitágoras, ya anciano, a saber, Filolao (N 16), Eurito (N 17), Carondas (N 18), Zaleuco (N 19), Brisón (N 20), Arquitas el Viejo (N 21), Aristeo (N 22), Lisis (N 23), Empédocles (N 24), Zalmoxis (N 25), Epiménides (N 26), Milón (N 27), Leucipo (N 28), Alcmeón (N 29), Hípaso (N 30), Timáridas y todos sus contemporáneos, una multitud de varones famosos y extraordinarios, y tanto en sus discursos, conversaciones, recomendaciones, advertencias, como en sus propios escritos y todos los legados, cuya mayor parte se ha conservado hasta nuestros días, no los hicieron comprensibles a sus oyentes en un lenguaje común, popular y habitual para todos los demás, ni intentaron que sus palabras fueran fáciles de entender, sino que, de acuerdo con la prescripción que les impuso Pitágoras sobre el silencio de los misterios divinos, emplearon modos secretos para los no iniciados y encubrieron con símbolos sus conversaciones y escritos. Y si al seleccionar los símbolos en sí no se descubrieran (y se explicaran) con una exposición irreprochable, su lectura, a los que la abordaran, parecería ridícula y cuento de viejas, llena de vaciedad y garrulería. Sin embargo, cada vez que se aclaran estos símbolos, a tenor de sus características, y se hacen visibles y accesibles a la mayoría en lugar de oscuros, se asemejan a los presagios y oráculos de Apolo Pitio, puesto que descubren un pensamiento admirable e infunden una inspiración divina a los estudiosos que los han comprendido. Vale la pena recordar algunos símbolos para que se esclarezca más el modelo de enseñanza. «Estando en camino, como cosa accesoria, no se debe entrar en un templo, en absoluto se debe hacer una reverencia, ni siquiera aunque se esté en las mismas puertas. Haz sacrificios y reverencia descalzo. Evita los caminos transitados por la gente y camina por senderos. No hables sin luz sobre los pitagóricos». Tal era, a grandes rasgos, su forma de enseñanza por medio de símbolos (N 31) (C 21). Jámblico.

El símbolo, sea el ideado por el hombre o el conformado por cada componente de la naturaleza, está vinculado a un significado oculto, aunque en realidad con el símbolo no se desea esconder nada, sino representar un concepto a nivel intuitivo y que va más allá de la mente racional. No tiene sentido definir un símbolo con diferentes explicaciones. El símbolo no está formado por una cantidad de información, es un arquetipo cuyos contenidos no son mentales, que comunica con la intuición y sirve para despertarla.

Quien hace una experiencia puede captar intuitivamente el significado de un símbolo ya que aquel proviene del plano de la intuición, que no puede ser despertada por un impacto que no resuene con ella.

El conjunto de los símbolos está compuesto por letras, ideogramas y elementos naturales como, por ejemplo, los cristales de nieve, que se expresan con un símbolo muy particular a veces visible cuando cae la nieve. Para comprender el símbolo de la amatista —otro ejemplo— no podemos decir que esta nos oculta su sabiduría, porque para captar un símbolo es necesario ponerse en contacto con la esencia que está expresando, esencia que es igual a la nuestra.

El símbolo principal del pitagorismo era la estrella de cinco puntas (C 22), que representa al hombre completo. Este símbolo es totalmente intuitivo.

No podemos afirmar que los símbolos son esotéricos porque entonces deberíamos decir que el sol y la tierra son esotéricos, mientras es más justo decir que somos nosotros los que captamos o no la realidad del símbolo. Toda la ideología de lo exotérico y lo esotérico, si no se comprende bien, es falsa. No hay nada de esotérico en aquello que no se dice, porque si se me revela y no lo comprendo, resulta igualmente oculto. Re–velar significa colocar otro velo sobre el que ya existe, y estos son nuestros velos. En cambio, debemos develar, y para hacerlo de modo esencial se debe descubrir el propio sol. Los budistas zen dicen: «Tú debes ser esa cosa, y esa cosa eres tú. Debes identificarte», «el árbol es parte de mí, y yo soy parte de él» (C 23).

Las máximas pitagóricas se basaban en el concepto de los símbolos. El símbolo es un sistema universal adoptado para despertar las conciencias. Los nombres, los sonidos, los colores, son símbolos, si bien para nosotros pueden tener ningún significado. Si los símbolos son diferentes para los egipcios, para los hindúes, para los chinos, ¿cuáles son los correctos, nos preguntamos racionalmente? Intuitivamente se responde que todos son correctos y todos se dirigen a un centro. Esto significa que es necesario recorrer la trayectoria completa de cada símbolo. Se puede recorrer también la circunferencia, pero es necesario saber hasta qué punto. Platón decía que del centro se llega a la periferia, que es lo mismo que decir que para tener la verdadera comprensión es necesario partir de lo universal para llegar a lo particular. Si se parte de lo particular se descartan todos los demás caminos. Al recorrer el camino principal de lo universal a lo particular no se excluye nada y se deja que los demás recorran su propio camino. Luego se llegará a un cierto punto de lo particular donde se comprende el todo, pero el camino correcto es partir de la esencia para llegar a la forma (C 24).

Reminiscencia y mayéutica

Los símbolos, que como se ha dicho constituyen uno de los lenguajes que sirven para despertar las conciencias, son formas elevadas de educación. Educación como reminiscencia. Para obtener ese tipo de educación debemos deshacernos de conceptos e ideas, más que acumularlos. Se trata de ver cuáles objetos han surgido y fueron realmente experimentados por nosotros, y cuáles en cambio son solo acumulación. Parte del proceso de educación consiste justamente en hacernos más livianos a fin de estar listos para recibir nuevos estímulos, y se trataría casi de una cualidad de valor poder decir que nos podemos desembarazar de algo muy querido. En realidad esto sucede porque eso no surgió de nuestro interior. Por eso hay una diferencia muy grande entre la educación entendida como reminiscencia —la educación socrática y platónica, que es la mayéutica— y todas aquellas formas que hemos acumulado como costumbre y aprendizaje de datos.

El ejemplo educativo de Sócrates que dice que nada sabe, que sabe que nada sabe, es el inicio de la sabiduría y un factor de «conciencia de saber». Mediante la mayéutica, Sócrates saca de cada interlocutor aquello que él mismo no sabe. Así se desarrollan los Diálogos platónicos. Sócrates no sabe nada, él interviene en los diálogos solo porque ha sido llamado, y él mismo dice que no sabe por qué lo llaman justamente a él que nos sabe nada mientras que los otros son mejores. Durante el desarrollo del diálogo se va comprendiendo que es el único que sabe, pero él no determina y no dice nada, solo ayuda a comprender. Mientras se desarrolla el diálogo, elimina y extrae hasta que nos damos cuenta de que todo el proceso solo sirvió para hacer surgir una determinada idea y una conclusión a través de un tamiz.

Esta dialéctica se conocía como el arte de la mayéutica. Consistía en preguntar a cada uno qué pensaba de argumentos arquetípicos, y se continuaba partiendo de la única idea de la unidad de todas las cosas, con la idea de un mundo arquetípico inteligible con el que Sócrates estaba en contacto. Esta es una forma de educación que no acumula datos, sino que parte del interior y que recién después se sirve de aquello que es útil. Quien es educado de este modo busca aquello que le sirve y se da cuenta de que es solo un medio, un instrumento para ayudar a que se manifieste todo aquello que ya se conoce (C 25). Es proverbial lo que se dice al respecto: que un maestro no es tal porque sabe todo de cada cosa en cada momento y conoce todos los libros. No es esa la sabiduría. El maestro sabe y vive las cosas esenciales y es capaz de proporcionarse el conocimiento necesario para aplicarla en el momento que lo desee. No es necesario que tenga un archivo de datos consigo, pero cuando lo necesita, sabe dónde encontrar el conocimiento y cómo aplicarlo. La persona que sabe esto posee un núcleo despierto.

Hay una diferencia sustancial entre conocimiento y sabiduría. Se puede tener conocimiento sin sabiduría, mientras que la sabiduría incluye el conocimiento, y no porque sea una acumulación de datos, sino porque el conocimiento es atraído en el momento justo, cuando es necesario. Esto convierte en Maestro a un maestro, y es lo que intentaba obtener Pitágoras con la formación de un discípulo: la educación primaria, simbólica, la educación para la intuición, armonía aplicada a la vida (C 26).

Parece también, aunque no es del todo exacto, que Pitágoras no ha dejado escritos (C 27) para transmitir sus enseñanzas esenciales. Digamos que esta no era para él una fuente de preocupación, pero no es verdad que haya descuidado este aspecto, como puede parecer con un juicio superficial por el hecho de que no haya transmitido todo. Se dice que desde el momento del incendio de la escuela, y también más tarde, cuando el pitagorismo era abandonado por la sociedad, los mismos pitagóricos aconsejaban a sus familias que conservaran todo. Debemos recordar que en un determinado momento los pitagóricos fueron perseguidos, considerados charlatanes, magos, acusados precisamente de lo opuesto de lo que eran. Así habían ocultado a la historia oficial todas las enseñanzas aunque seguían transmitiéndolas para que pudieran volver a florecer poco a poco.

En lo que respecta a Pitágoras, es muy fascinante para nosotros ver que desde su época hasta nuestros días han aparecido una cantidad de figuras que se le asemejan y que parecen continuar un trabajo iniciado por él (C 28) para hacerlo cada vez más llamativo y más completo. Lo que para la historia oficial no ha perdurado son los escritos de Pitágoras, si bien haya estudiosos que afirman haber tenido algunos en sus manos. Debemos recordar que Pitágoras se ocupó de música, de números, de física y todos estos temas requieren la escritura.

La influencia ejercida por Pitágoras fue notable, y si no fuera tan poderosa y vital, no podría seguir despertando un interés tan grande también en campo científico e incluso promover desarrollos y profundizaciones de esas enseñanzas. Transcurrieron 2500 años, sin embargo, al culminar el siglo XX, alguien (N 32) comienza a redescubrir las relaciones de la armonía de los cristales, de las plantas, la armonía de los mundos, gracias al pitagorismo. Esto se demuestra científicamente en los años cincuenta, sesenta (N 33).

Que este tipo de conocimiento no esté muy difundido es otro problema. Desafortunadamente lo mejor del saber humano nunca está muy difundido, y descubrimientos de este tipo raramente los conoceremos leyendo los periódicos. En realidad es de fundamental importancia el interés que se tiene por esta materia, es un poco como un examen de admisión a la escuela pitagórica. Mientras la enseñanza pitagórica no nos interesa, somos como aquellos que no conocen ni siquiera su existencia. Pero apenas comenzamos a estar verdaderamente interesados, todas las enseñanzas que antes estaban ocultas comienzan a aparecer. Esto es muy particular e interesante, y mientras inicialmente nos parece que el material es muy limitado, a medida que avanzamos descubrimos que la cantidad es cada vez más mayor. Cuanto más encontramos, más se profundizan los temas. Es como si, de escalón en escalón, se nos permitiera ver otra parte de la escalera. Si en cambio no tenemos interés, la escalera no existe, y esta también es una característica típica del pitagorismo (C 29).

El hombre armónico

Pitágoras nos dice que un sonido contiene todos los armónicos, todas las escalas. Es como decir que gradualmente nosotros hacemos que esta escala sea más audible, y que aunque antes no lo escuchábamos bien, ese sonido existió siempre. En ese único sonido está toda la escala de los armónicos, todas las relaciones armónicas: inicialmente escuchaba solo una parte, luego escucho un poco más hasta que comprendo la ley penetrándola de modo más sutil. Sin embargo, ese sonido está vibrando constantemente, también estaba vibrando antes. A fin de cuentas no he descubierto nada, recién después de haber escuchado con más atención comienzo a percatarme de que puedo extraer todo aquello que ya han descubierto otros sobre este tema que antes me estaba vedado. Este es un hecho obvio que responde a las leyes de la resonancia y de la consonancia, las cuales forman parte de la educación musical. Todo aquello que hasta un cierto punto ha sido percibido está disponible y existe en su esfera global. Naturalmente la fuente está a disposición, y quien tiene sed está invitado a beber. Si yo resueno, dirá el pitagorismo, evoco todo aquello que está en resonancia con ese sonido que estoy irradiando. Por Ley de Analogía (C 30).

Se dice que el hombre pitagórico, llamado también «hombre armónico», es aquel que crea con el verbo, que crea con el sonido. Se dice que la escuela pitagórica, en su grado más elevado, llevaba el hombre a convertirse en un creador, como un microcosmos que sigue las mismas leyes del macrocosmos. De hecho no se dice solo «que crea», sino que se añade «con el verbo», y en cuanto a este aspecto particular mucho se narra sobre Pitágoras acerca del canto y el encanto. Pitágoras se comunicaba con los animales (N 34), conocía su lenguaje, se comunicaba incluso con los ríos y estos lo saludaban a su paso (N 35). El suyo era un poder efectivo mediante la voz, el sonido y la música. Acá tenemos una conexión directa con el orfismo, cuyo poderoso símbolo es la lira heptacorde de Orfeo (C 31). El Pitagorismo demuestra mucha presencia órfica (N 36).

Con lo que estamos diciendo seguimos una línea precisa: partiendo de la escuela llegamos al aspecto crucial de la Enseñanza matemática interior, matemático-acústica, que es la clave de comprensión por excelencia de la constitución global del hombre: psicofísica, mental, espiritual.

La música es la única incapaz de engañar.
La eufonía.

Luego de este largo paréntesis, veamos ahora cómo pensaba Pitágoras que era la educación musical antes de comenzar con el «número» y la acústica. Hay una parte de la «Vida pitagórica» de Jámblico dedicada a la educación musical y a la terapia:

«Consideraba también que la música contribuía de manera determinante a la salud, si se usaba de un modo conveniente: de hecho, solía servirse concienzudamente de tal purificación (catarsis) (N 37) (C 32) porque también hablaba de curación a través de la música. Y en la estación primaveral interpretaba una melodía de este tipo. En efecto, en el centro sentaba a uno que tocaba la lira y, en círculo, se sentaban los que podían interpretar la melodía, y tañendo aquel la lira de ese modo se entonaban algunos peanes (N 38) con los que parecían alegrarse y seguir en un tono melódico y rítmico. Pero también en otros momentos utilizaban la música como terapia. Determinados cantos tenían como objetivo la curación de las pasiones del alma, los desánimos y las duras pesadumbres (que los había concebido precisamente Pitágoras de gran ayuda) y, a su vez, otros para los arrebatos de cólera, la ira y todas las alteraciones del alma de este tipo; y también para los apetitos inventó otra clase de melodía. Los pitagóricos practicaban también la danza; su instrumento era la lira. Pitágoras consideraba que la flauta tenía un sonido violento y festivo que, en modo alguno, era propio del hombre libre.

Empleaba también expresiones de Homero y Hesíodo, seleccionadas para la corrección del alma» (C 33).

«También se cuenta, entre sus hechos, que Pitágoras un día con un ritmo musical espondaico, interpretado por un flautista, había aplacado la furia de un muchacho de Tauromenio que se encontraba embriagado, en el momento en que de noche se dirigía a divertirse con su amada junto al portal de su rival y estaba a punto de provocar un incendio, pues estaba inflamado y enardecido por una melodía frigia interpretada a flauta. Rápidamente Pitágoras puso fin a esta situación. En ese momento, se encontraba contemplando los astros y sugirió al flautista el cambio a un ritmo espondaico, con ayuda del cual el muchacho se calmó del todo (C 34) y se fue a casa en perfecta calma, aunque un poco antes no se le había podido contener y, simplemente, tampoco aguantó una posible reprimenda de Pitágoras; además, estúpidamente, lo había mandado a paseo por encontrarse allí. (…) Además, toda la escuela pitagórica realizaba el llamado arreglo, la composición armónica y la ejecución de determinadas melodías apropiadas, que llevaban útilmente las disposiciones del alma a sus afectos contrarios: porque, cuando se iban a dormir, purificaban el pensamiento de los alborotos y estruendos diarios con determinadas melodías y cantos específicos, y por esto se procuraban sueños tranquilos de corta duración y agradable ensoñación. A su vez, cuando se levantaban del lecho, se libraban de la pereza y de la somnolencia por medio de cantos peculiares, pero hubo también ocasiones en que ello tenía lugar con música sin palabras. Y hay modos de curar dolencias y enfermedades, según dicen, mediante auténticos ensalmos, y es probable que de ahí haya llegado a hacerse notorio este nombre, el de ensalmo. Pues bien, de este modo tan beneficioso estableció Pitágoras la corrección de la conducta y vida humanas por medio de la música» (N 39) (C 35).

«Lo que, por encima de todo, es especialmente notable: prescribió y estableció para sus discípulos las llamadas adaptaciones y terapias, ideando de manera divina combinaciones de ciertos sones diatónicos, cromáticos y armónicos, por medio de los cuales fácilmente orientaba y reconducía a una situación contrapuesta las pasiones del alma, que recientemente habían aparecido y desarrollado entre ellos de un modo inconsciente, a saber, aflicciones, arrebatos de cólera, compasiones, envidias extrañas, temores, deseos de todo tipo, ambiciones, apetitos, orgullos, debilidades y violencias. Por medio de melodías apropiadas enderezaba hacia la virtud cada una de estas afecciones, como si se tratara de una combinación de remedios salvadores» (N 40).

Luego de esto Jámblico pasa al tema de los números y la cuerda, y a cómo descubrió Pitágoras la armonía musical: seguramente el meollo de toda la cuestión.

Que un ser como Pitágoras llamara «catarsis» a la música, que conociera el poder del sonido, ya tan poderoso en la tradición órfica, que estuviera en conocimiento de las tradiciones musicales del antiguo Egipto, de la antigua India y la antigua China, no hace más que confirmar, en paralelo, el conocimiento de Confucio y de Platón del enorme poder de la música como medio terapéutico y educativo. Estrictamente hablando, más que como un medio, como un poder en sí: la música no se hace escuchar para educar, sino que la música es potencia educativa, el sonido en sí es un poder educador.

Jámblico menciona algo que por si solo merecería algunos años de estudio. Habla de «ajustes», de «armonizaciones» y de «tratamientos». Todo esto concierne al período de la catarsis. Catarsis es trasformación, no solo purificación, catarsis es cambiar, transmutar, pasar a otro plano. Hoy decimos «catártico» en el sentido de liberador. En psicología y en psicoanálisis se habla de experiencia catártica, que en realidad no tiene mucho que ver con la catarsis pitagórica, porque esta última no consiste simplemente en liberarse de algo, sino apenas liberados entrar en lo que los pitagóricos llamaban música. En esta música hay ajustes, armonizaciones y tratamientos. Hagamos resonar estas tres palabras.

Cuando hablamos de encanto, pensamos en el hechizo e inmediatamente se nos presenta un factor mágico, con la declinación del verbo, de la voz y del canto. Hablar de encantamiento nos hace pensar en algo medieval con filtros y determinadas palabras pronunciadas. Esto no es más que la decadencia de algo muy antiguo proveniente, mucho antes de Pitágoras, de los druidas, de la India, de las runas escandinavas. En el caso de Pitágoras, tenemos la idea del sonido que sana, que cura, que completa y es capaz de transformar y cambiar todo el estado del ser. En-canto significa «canto interior», el canto que se canta en el interior, que proviene del interior. El sonido del canto y de la voz interior, solo ese puede «encantar». Es más que evidente que este tipo de canto tenía un enorme poder terapéutico si se recurría a la música, al sonido y a ciertos ritmos realizados por determinados instrumentos en momentos particulares.

Jámblico habla de forma muy breve, pero profunda, de algunos ritmos ejecutados en ciertos momentos del año, de algunos instrumentos, de algunas bases. En resumen, del poder de la educación musical, una de las primeras aproximaciones que hubo a este tema, al menos en la historia de la civilización occidental. Puntualmente, Platón repropone esta educación pitagórica en la República cuando dice que la música y la gimnasia son las primeras cosas que se deben aprender porque constituyen la formación de base del ser humano (N 41). Sirven indiscriminadamente al guerrero, al legislador, a todos aquellos que tendrán algún cargo en la república.

Nunca se comprendió bien a qué se refería Platón al hablar de esto (C 36), qué entendía por musa, qué entendía por música y por gimnasia. Probablemente sea porque no ha querido aclararlo, o porque no había nada que aclarar dado que ya todo estaba claro. Y con el transcurso del tiempo todo fue cada vez menos claro para quien indagó estos problemas. Al no creer en la existencia de las musas, no se sabía de qué estaba hablando, la gimnasia se ha convertido en cualquier cosa menos que en su verdadera función, la de una profunda armonización psicofísica. Personajes como Platón, Pitágoras y otros como Damón daban importancia primaria a la educación musical (C 37) como formación para los discípulos dentro de la propia escuela. Esto era fundamental para llegar a percepciones más profundas. Acá se da un ejemplo de cómo se calmaban también los excesos, justamente para dar a conocer el poder de la música.

La educación musical es una educación para comprender qué es el oído musical y qué es todo el ser humano como oído musical. La primera parte de este tipo de trabajo, de esta educación musical pitagórica, interviene en estratos vitales, pero inmediatamente después se descubre que existen estratos esenciales mucho más profundos que puede experimentar cualquier individuo si tuviera la posibilidad. Todos nosotros tenemos una vida fisiológica, afectiva, mental y supramental, o sea espiritual (C 38), y esos modos de la música tocan directa e intuitivamente a todos estos niveles del ser. Los niveles no están separados, por lo que en primer lugar se toca el fisiológico, luego el afectivo y así sucesivamente, pero todos toman el baño musical al mismo tiempo. Esta es una parte de la Eufonía.

Cuanto más acabada, más inspirada es la música —tanto la que se escucha como la que se interpreta—, más percibimos este gran acorde/acuerdo energético. Cuanto más profunda se torna una escucha musical, más nos puede poner en condiciones de realizar un cambio en nosotros mismos. Es necesario decir que la fase del saber escuchar es tan esencial que recién después podemos enfrentar cualquier posibilidad que se nos ponga adelante. Esta primera fase del escuchar caracteriza al período de los «acusmáticos» de la Escuela pitagórica. Ser «matemáticos» significaba saber afrontar directamente las causas, pero atravesar bien los períodos de la *escucha* era una de las cosas más importantes. Estamos hablando de la escucha *en todos los sentidos*, sobre todo valiéndose de la práctica musical, por consiguiente de la percepción de los ritmos, la melodía y la armonía, y de cómo *el acorde encuentra otros acordes*, de cómo se conectan y combinan los acordes hallando sintéticamente unidas la vida espiritual y la vida material como los dos polos de la existencia y no como dualidades separadas. Eso quiere decir que si nosotros tenemos un polo espiritual, un polo norte cualquiera, tenemos rápidamente formado un polo material sur correspondiente en cualquier cosa. Una vez cortado el imán por la mitad, uno de los polos no es eliminado sino reformado: se trata de *una unidad magnética conformada por dos polos que no pueden estar desconectados*. En este sentido, hablar de polo espiritual y polo material no es sino la expresión de una unidad con dos polaridades y diferentes niveles coexistentes entre los dos extremos: espiritual, mental, afectivo, fisiológico.

La música está compuesta por todos estos elementos, y por eso logra entrar en nosotros con tanta potencia. Es pura Eufonía.

COMENTARIOS AL CAPÍTULO III

C 1. Un pitagórico propietario de tierras que tuvo que ausentarse por un tiempo dejó los campos al cuidado de su encargado. Al volver antes de lo previsto, vio que se había hecho muy poco, es más, casi nada. Preso de la ira, dijo al encargado: «Agradece que estoy irritado, de lo contrario, si no lo hubiera estado, te habría castigado».
Platón, preso de la ira contra un servidor, lo hizo castigar por un amigo que había ido a visitarlo porque, enfurecido, no podía hacerlo él mismo.

C 2. Pitágoras trata de desarrollar la mente analógica y la mente científica, y para esto es fundamental la escucha que él solicita. Primero se debe escuchar, para darse cuenta de la realidad de las cosas. Por ende, la esencialidad de la idea de Pitágoras en cuanto a las leyes del sonido y de la armonía solo se puede comprender, en parte, mediante la propia experiencia de escucha con el sonido. Las leyes del sonido, dado que se manifiestan tal como son, son las únicas que no se pueden manipular a nivel ideológico ni a nivel pseudoideológico. Mediante una investigación de estas leyes es posible descubrir todo lo que el pitagorismo tiene aún para ofrecer en campo artístico como clave de apreciación de la belleza.
Pero para apreciar la belleza necesitamos conocernos a nosotros mismos. «Conócete a ti mismo y conocerás el universo» es una frase escrita en el tempo de Delfos legible para quien entraba por un lado, mientras que del otro lado se leía: «Y conocerás el universo y los dioses». Esta segunda frase no era visible si no se entraba en el templo, simbólicamente significa que, siempre, el interior del templo es el corazón, el que lleva al conocimiento y al mejoramiento de uno mismo. Pero es interesante lo que

viene inmediatamente después: se descubre que «uno mismo» no es lo que se creía ser, sino algo mucho más vasto. Este es otro punto fundamental, profundo, es lo que los Pitagóricos dijeron de sí mismos luego de haber hecho la experiencia. De allí la utilidad de estos conceptos.

La escucha es fundamental, porque de ella deriva la fe, o sea la fuerza y la confianza.

C 3. «Nuestro verdadero 'background' es acústico, y para conocernos como Sonido y ser capaces de percibirnos a nosotros mismos con escucha atenta deberíamos hacer como los 'acusmáticos' de la escuela de Pitágoras: volver a aprender a escuchar para poder entender, eliminando primero los propios ruidos no armónicos, sabiendo hacer silencio en la agitación de la mente, evitando crear 'polución' con nuestra carga vibratoria, haciendo audible nuestra verdadera identidad humana».
Eufonía, el Sonido de la vida - Daniel Levy.

C 4. Acerca del incienso, se dice que esta era una costumbre proveniente del Oriente y que el incienso servía para purificar también los alimentos. Además, con los inciensos se obtenían capacidades adivinatorias, que no consistían solo en dotes de clarividencia o en poder profetizar, como se cree hoy en día. Cuando en la tradición se habla de capacidad adivinatoria, se entiende siempre que la mente se encuentra en un estado de armonía, porque el principio dice que cualquier mente que se encuentra en un estado de armonía ve claro. Por lo cual, lo que acá se llama adivinación, en todo caso no es nunca el don profético reservado a algunos, sino la posibilidad que tiene cada uno de nosotros de ver siempre claro.

C 5. Muchos, con justicia, afirman que también la meditación es una forma de hacer este tipo de trabajo, pero no hay duda de que un paseo meditativo en un bosque armoniza y posibilita una buena disposición.

C 6. Si nosotros pensáramos en cómo establecemos por lo general nuestras relaciones desde el comienzo de la jornada, si viéramos que no podemos tener un gran control sobre la predisposición para las cosas, nos causaría un cierto abatimiento. No siempre, por diferentes motivos, gozamos de una buena disposición de ánimo cuando nos levantamos, y esto depende también de factores vividos al dormir y al soñar. Dada la manera en que por lo general nos ponemos en relación con lo que nos circunda, no es anormal que todo lo que nos sucede no sea armónico. Solo casualmente puede suceder que algo esté en armonía y que un grupo de personas que hacen lo mismo en la misma situación se puedan encontrar coincidentemente más o menos en armonía.

C 7. Esta es una de esas frases pronunciadas muchas veces. También «ámate a ti mismo como a los demás» ha sido pronunciada muchas veces. Se debe deducir que no amamos mucho a los demás ya que no nos amamos mucho a nosotros mismos. De cualquier modo que se lo vea, esto expresa un respeto, o sea un dar lugar a una armonización interna antes de establecer cualquier contacto externo. No se trata de no mezclarse con la gente, sino de «cómo» hacerlo. Esto lo vivimos todos los días, desde el punto de vista psicológico, con todas las ondas de pensamiento que circulan en un conjunto de personas. A menudo se dice: «Dependerá de cómo me sienta mañana». En ciertos países, cuando uno se levanta con la luna, se dice que ha bebido cicuta —veneno— en vez de leche. Estos no son modismos, son reflejos de una sabiduría que sabe muy bien que cada día nos levantamos con una situación completamente diferente de la del día anterior, pero a la cual no debemos estar sujetos como esclavos. Por lo que no se debe depender de cómo nos sentiremos mañana. Si la mañana siguiente no estoy bien, tendré que ponerme en condiciones de estarlo, a menos que haya un problema de disfunción física que no me lo permita, pero entonces sabré qué hacer también en ese caso. La diferencia entre una actitud y la otra siempre será un estado de la conciencia. Es necesario saber que si no nos establecemos un espacio antes de tener una relación de cualquier tipo con los demás y con uno mismo, se deja todo en manos de la casualidad. El problema puede parecer un poco más grande de lo que es en realidad, pero cada hecho cotidiano es lo que va determinando nuestra vida y la de los demás.

Sin duda ha sucedido muchas veces que vemos personas que un día piensan de un modo y el día siguiente de otro, incluso totalmente opuesto, a punto tal que creemos que no se trata de las mismas personas. Son las mismas, pero pasan de momentos armónicos a otros disarmónicos y viceversa. Es la misma persona a la que nos dirigimos, pero que tiene continuos cambios de estado. De la misma manera, también los demás se dirigen a nosotros con la misma idea, y para ellos nosotros somos «los otros».

Este hecho es lo que se entendía como no entretenerse con alguien antes de haber predispuesto la propia alma y puesto en orden el pensamiento, y que para esa condición era oportuna una cierta tranquilidad, esa justa tensión para encontrar de nuevo el eje de equilibrio. Lo importante era seguir un ordenamiento.

C 8. Si nosotros observamos este tipo de hábitos y los comparamos con los nuestros, por ejemplo levantarnos y leer el diario, o mirar la televisión antes de dormirnos, nos damos cuenta de que no podemos tomar muchas enseñanzas éticas de nuestros ritmos modernos. Los pitagóricos usaban este ritmo porque es un tipo de oración que sirve para colocarse en una onda de sintonía alta que permite iniciar la jornada de otro modo. De esta manera se crea un hemiciclo que sirve para modificar otro, y así se carga y modifica el ciclo completo de la conciencia. Estos hábitos, simples y coherentes, forman parte del modo mediante el cual manifestamos nuestra existencia y sirven para darnos cuenta de cuáles son los motivos por los que estamos vivos. Entonces nos percatamos de que nuestros ritmos son muy ajetreados y muy importantes bajo muchos aspectos, pero podrían serlo mucho más si a todas estas actividades se les agregara un elemento que les diera un objetivo. El objetivo principal del hombre no es solo estar ocupado, si bien es mejor estar activo que inactivo, pero el ideal es estar activo con un significado preciso: ser consciente.

C 9. «¿Por qué esperar que la tormenta deje el desierto detrás de sí para modificar, si sobrevives, tu actitud para con el cuerpo? Debes conocerlo y admirarlo como obra arquitectónica sublime, gozar de su áurea medida y aprender a observar cómo, con el tiempo, cada mínima actitud y sentimiento delinean los contornos de su estructura y lo marcan con el escalpelo de la emotividad. El poco respeto humano por el cuerpo está expresado en la adoración ilimitada, en el límite del narcisismo, o en el desprecio extremo que las falsas religiosidades le han impreso. Imagínalo en su naturaleza real de Luz sustancial con un mecanismo transparente y membranoso. Cuídate de densificarlo con el pensamiento errado. Templo del alma o establo de cerdos, estas son las dos posibilidades de destino de tu cuerpo».
Daniel Levy. Del libro «Belleza».

C 10. Hay un pasaje en Platón que demuestra, si aún quedaran dudas, que era pitagórico al ciento por ciento:
«Por lo tanto, si hay alguien en quien coincidan una hermosa disposición espiritual y cualidades físicas del mismo tipo que respondan y armonicen con ella, ¿no será este el más hermoso espectáculo para quien pueda contemplarlo?».
Platón. República, III°, XII d.

C 11. Jámblico narra que Abari regaló la flecha de oro a Pitágoras, que en cambio le mostró su muslo de oro.

C 12. En la «Vida pitagórica» de Jámblico se menciona todo esto porque ya en aquel tiempo hablar de un sacerdote de Apolo, hablar de Hiperbórea, era como hablar de la máxima autoridad posible desde un punto de vista interior, iniciático, de conocimiento. Y sin embargo Pitágoras confiere a Abari instrucciones totalmente nuevas porque se lo ve como una encarnación del propio Apolo Hiperbóreo. Según Jámblico, Pitágoras dice haberse recubierto con un cuerpo de modo que la comunicación con los hombres fuera posible mediante un vehículo humano.

C 13. Puede parecer extraño que ellos dieran a este sistema el nombre de «aristocracia», pero mientras que para nosotros hoy este término se usa como antítesis de democracia, para los pitagóricos indicaba el gobierno de los *«decadi»*, o sea de aquellos que comprenden. Este concepto puede recordarnos lo expresado posteriormente por Platón en la «República», pero diría que en este caso tiene alguna connotación adicional.

C 14. Cuando un individuo, después de haber realizado múltiples experiencias toma conciencia de lo que es el propio futuro y el propio dharma —su justa acción— se le dice que vaya constantemente hacia adelante.

C 15. Si se desean alcanzar las cimas para respirar aire puro de montaña y hacer una observación global de las cosas, es necesario entrenarse para recorrer estos senderos impracticables. Es cierto que quienes así lo han decidido gozan de una protección particular. Los sabios saben esto, precisamente por ser sabios, y por esto aconsejaban siempre senderos estrechos.

C 16. O sea de maya, de la ilusión, de la no calma. Sobre todo, esta máxima se refiere a un silencio interno porque es la personalidad que acoge todos los ruidos, y al acogerlos está totalmente a su merced.

C 17. El plano intuitivo es el plano superior a la mente, incluso a la mente abstracta. Con la mente abstracta se llegan a concebir ideas arquetípicas, aunque no sea de manera consciente. Con la intuición, estas ideas se contemplan porque uno se encuentra en ese plano. Así no puede haber confusión en la interpretación. El objetivo de la Enseñanza, precisamente, es «ver» la realidad de las cosas. Vista la realidad, la acción justa es consecuente. Este es el secreto de la educación pitagórica.

C 18. Quien hace el esfuerzo es ayudado a llevar pesos, ya que quien ayuda a eliminarlos en realidad no beneficia a quien los está cargando. No hace falta decir que la carga no será superior a la que no se pueda sostener. Se dice que llevar pesos es un entrenamiento para reforzar el espíritu. Quien sube a la alta montaña se entrena para llevar más peso del necesario, y solo así se puede facilitar la escalada. A nadie que desee elevarse se le quitan pesos. Es natural que la ayuda decaiga para quien es renunciante. ¿Acaso puede un maestro ayudar a un alumno a no estudiar?

C 19. Veamos una forma de comunicación entre los dioses y los hombres:
«El sacrificio es el camino donde se encuentran los dioses y los hombres. Por su intermedio los dioses se materializan tejiendo el mundo y, viceversa, los hombres se espiritualizan. Es por esto que cada cosa creada encierra un dios, un espíritu o una fuerza, y cada hombre que se someta al sacrificio tiene la posibilidad de deshacer el velo tejido por los dioses acercándose al mundo divino. El sacrificio es el mecanismo o, más exactamente, la organización de la fuerza que regula las relaciones entre cielo y tierra».
«El sacrificio por excelencia sigue residiendo en los cantos, porque dada la naturaleza acústica de los dioses, la oferta musical los conmueve de modo mucho más inmediato que cualquier otra forma de sacrificio»
Marius Schneider. El significado de la música. Pág. 81-82 Rusconi.

C 20. Las motivaciones para no elegir determinados alimentos no se referían solo a las habas, sino también a muchos otros alimentos que nosotros comemos hoy, por ejemplo la médula. Aunque del cerdo se coma todo, en algunas culturas se descartaban los testículos y otras partes del animal. Los lomos, para dar otro ejemplo, tienen que ver con el nervio ciático, que no solo hace circular vitalidad como todos los demás, sino que es uno de los nervios principales y sirve de apoyo para las bases, pero su importancia es más reconocida cuando nos hace mal. Todas las partes sobre las que apoya la vida estaban prohibidas en la alimentación, también la carne, excepto en casos raros. Es importante tener en cuenta que la aplicación de estas reglas de alimentación se efectuaba en el círculo de los discípulos y no eran reglas para cada individuo.

C 21. El símbolo encierra significados, el primero de los cuales es ético. Este mismo símbolo se puede llevar a otros campos, más allá de la esfera del comportamiento, pero la primera esfera es la ética. De hecho no es posible plantar una semilla en un terreno árido —el no ético— porque crecería mal, existe el peligro de que no se desarrolle bien. El conocimiento ético da la posibilidad de ir más allá y el terreno fértil da la seguridad de que no surgirán problemas con posterioridad. El hecho de que se diera tanta importancia a la ética y por ende al equilibrio en general no era una forma de debilidad de la filosofía pitagórica, como algunos creen. Hay un tristísimo comentario de Evola, quien juzga algunas máximas éticas como estupideces que transmite la tradición sobre una absurda moralidad de los pitagóricos. Como decir que hemos heredado del pitagorismo también las cosas que no son importantes.
Pero hay otros comentaristas que, si bien no citan expresamente a Pitágoras, dicen: «Los preceptos morales de los grandes maestros son revelaciones del más puro arte, dado que sus mandamientos son universales en su aplicabilidad a los problemas de todos los hombres, y

tienen una frescura y belleza que no envejece con el transcurso del tiempo». Es innecesario decir que nosotros nos atenemos a estos últimos.

C 22. El símbolo de Italia también es una estrella de cinco puntas. Es muy probable que exista una relación.

C 23. Los budistas zen son los maestros de la intuición. Llegan incluso a decir que no es el agua la que se mueve bajo el puente sino el puente que se mueve sobre el agua invirtiendo así todos los conceptos racionales. Este es el único modo de concebir el símbolo y ver que su esencia es igual a la nuestra. El discípulo que recibía el símbolo trataba primero de resolverlo con la mente racional, pero sin éxito. Recién después de varios intentos llegaba a la intuición, pero primero debía llevar al extremo esta tensión para comprenderlo.

C 24. Puede decirse que tal vez haya caminos con funciones diferentes. Como ejemplo, supongamos que tenemos una luz central con un prisma que la está dividiendo en todos los colores. El prisma se puede atravesar partiendo de cada color, pero se puede partir de la luz central y ver que el prisma la divide en los diferentes colores. Partiendo de la luz nos damos cuenta de que cada rayo es una diferente manifestación suya. Físicamente vemos que originalmente hay un haz de luz, con la intervención del prisma se crean diferentes percepciones, pero todo está contenido en el haz de luz blanca que no es la suma de todos los demás colores, sino que los colores son una diferenciación de esta luz blanca. Nosotros podemos alcanzar esta luz blanca yendo más allá del prisma, o sea más allá de la mente. El prisma es la mente. ¿Cómo se puede comprender esto? Debe surgir desde adentro una parte de ese sol y comprender todo aquello que resuena en simpatía con él. Alcanzar esa luz es encontrar un punto en nosotros que tenga la misma luz. De esto eran conscientes todos los grandes Maestros reunidos en la luz.

Esto no es negar que quien toma uno de los tantos caminos puede tener una posibilidad dada por otro acceso, pero se debe decir que en el ínterin se pierde mucho y no se puede abrazar todo el resto. Se abraza solo lo que corresponde al propio camino. Solo se puede sintetizar todo desde el centro. Muchos maestros yogui aprecian las figuras de Cristo y Mahoma de la misma manera y sin diferencias, sabiendo que cada uno de ellos tuvo un rol, y no hacen distinción alguna. Las distinciones se producen en las religiones oficiales, dado que será muy improbable ver en una sinagoga la imagen de Buda, o en una iglesia la imagen de Confucio o Lao Tsé. Esto nos demuestra que cada uno de estos caminos se considera correcto si se lo toma individualmente, pero apenas se entra en contacto con los otros se produce un cierre y se excluyen los otros espacios. Como mucho se puede llegar a una tolerancia, pero no a una verdadera comprensión.

Tratemos de imaginarnos a los mayores fundadores de las religiones, cada uno de los cuales dice ser el mejor y tener el mayor número de seguidores. No se puede decir que alguno de Ellos haya enviado un mensaje que dijera que no había que tolerar a las otras religiones y sí creerse superiores a los demás. En cambio nosotros lo creemos, y actuando de este modo estamos ubicados del otro lado del prisma, parte que no es tan clara. Solo cuando es límpido permite pasar la luz y ver claramente un único haz luminoso. Todo el trabajo de limpieza se puede realizar del otro lado, solo la luz puede limpiar el prisma, que es la mente humana. Rabindranath Tagore escribió dos textos: «La religión del hombre», no de «quien», sino del «hombre»; y «Sadhana», sobre la realización del amor y la belleza. El único factor que puede superar todos estos límites es la humanidad.

C 25. Es muy famoso ese pasaje donde Sócrates hace resolver mediante preguntas un teorema a quien en apariencia no sabe nada de matemática. El diálogo es el Menón.

C 26. Cuando decimos que estas cosas no se pueden aplicar a la vida, el problema no está bien planteado. De hecho yo no debo solamente aplicar, sino que lo que debería tratar de hacer es vivir de modo coherente en todas las situaciones de la vida, «siendo siempre yo mismo» en cada una de ellas. La coherencia ya comienza a ser una forma de hacerlo, comienzo a darme cuenta de que antes era una cantidad de «yo» según las situaciones vividas: un yo para el trabajo, un yo para el estudio, uno para las distracciones, uno para los hijos, otro para los padres. Esta es una forma de asumir diferentes «yo» disgregados, para luego percatarse de que hay un Yo principal que en todas las ocasiones se manifiesta tal como es.

C 27. Ni siquiera Jesús los ha dejado.

C 28. Messere Gioseffo Zarlino (Chioggia, 22 de marzo de 1517 – Venecia, 14 de febrero de 1590) fue uno de estos continuadores. Fue el máximo teórico de la armonía musical del renacimiento, dado que valoró a pleno su importancia. Para Zarlino, hay una relación música/naturaleza bien precisa (Enrico Fubini «La música: naturaleza e historia», Einaudi, 2004). Zarlino publicó tres importantes obras editadas en Venecia: «Istitutioni Harmoniche», «Dimostrazioni Harmoniche», «Sopplimenti musical». Hans Kayser descubre las leyes del crecimiento armónico de las plantas, los cristales, etc. y estamos en nuestros días. Esto en lo que respecta al campo musical. Para el número recordemos al pisano Leonardo Fibonacci (siglos XII–XIII), conocido por la famosa serie Fibonacci y Mathila Ghyka, autor del «Número de Oro».

C 29. Esto lo digo también por experiencia personal porque muchos años atrás, en 1968, comencé a realizar encuentros públicos sobre la música pitagórica, que me interesaba mucho y que vislumbraba, si bien no sabía cómo era verdaderamente. Entonces pensaba que no iba a poder encontrar más elementos que los que tenía en ese momento. Debo decir que, al contrario, a medida que iba buscando, más información aparecía y lo que no dejaba de asombrarme era que no solo se manifestaban —y con un sentido profundo— hechos que parecían ocultos, sino que continuamente aparecían otros nuevos. Hubo quienes también han tenido experiencias análogas, Voltinus no piensa descubrir toda la parte musical de la escala pitagórica, y sin embargo esta se le presenta. Quiere decir que estamos frente a una rama en flor, porque si se hubiera secado o extinguido no se le podría extraer nada. Otros, con estas mismas líneas, van más adelante y descubren otras cosas.

El hombre es cada vez más maduro evolutivamente y por este motivo elementos aparentemente más conocidos aparecen diferentes con el tiempo. Esto da la idea del tipo de vitalidad de las enseñanzas y de la relación que se dice que tenía el propio Pitágoras con los discípulos o con los sacerdotes: daba a cada uno aquello que era capaz de recibir. Con el sacerdote Abari habla directamente, mientras que con los demás establece una relación diferente, y esa relación ha permanecido igual con el correr del tiempo.

C 30. La famosa frase de Descartes: «Pienso, luego existo» significa: «*Io sono: io suono* (yo soy: yo sonido». Pero no solo encontramos estas coincidencias en el idioma italiano. Cuando en inglés digo «*By heart*» —aprender de memoria—, digo «*By heart*» = escuchar con el corazón (con el centro). Por lo cual corazón, escucha y memoria tienen la misma raíz. La Enseñanza es única y las diferentes civilizaciones y culturas la expresan con sus formas verbales apropiadas. Cuando hablo de memoria, estoy hablando de recuerdo, y si digo recuerdo digo: «retorno al corazón», «retorno a la cuerda», o sea al sonido, o sea al «yo soy». Estos no son juegos de palabras sino que es retorno a una antigua filología que refleja esencias vivas que nos conducen una vez más al sonido.

C 31. Apolo, o Helios, entregó a su hijo Orfeo el forminx, la lira heptacorde sagrada. Se trata del instrumento por excelencia que representa los siete estados del ser, y no solo eso. Según Herodoto estos misterios los trajo Orfeo desde la India y los introdujo en Grecia, dado que en realidad eran de pura raza hindú. Según Clemente de Alejandría, primero neoplatónico y luego padre de la iglesia, quien ejecuta la lira con armonía simboliza también a quien trae la oferta sonora de sí mismo.

C 32. La experiencia catártica pitagórica no es solo un campo de actividad musical, sino también una gran llave para abrir una gran puerta, probablemente la que Pitágoras consideraba más importante. Las otras son consecuencias de esta, esencial, donde el número está siempre conectado al sonido. Entonces, la comprensión proviene del sonido, y es gracias a estas relaciones sonoras que podemos comprender cómo actúan los números. Indagar el sonido nos da una visión de conjunto a partir de la cual sucesivamente se pueden desarrollar todos los temas particulares y lograr aclarar todos los lados oscuros mediante relaciones entre los sonidos y los armónicos. En efecto, como decían los chinos, de acuerdo con Pitágoras: «La música es la única incapaz de engañar». Todo el resto puede ser engañoso, pero no la música. El motivo es uno de los más simples: la música se expande tal como es, hace escuchar los armónicos —si bien nosotros no los escuchamos, pero por cierto esto no depende de los armónicos— sin ocultarlos, así como se hace sentir la melodía que avanza siguiendo leyes precisas. Me parece que la base de la influencia de la música es esta, y que la teoría de los armónicos en realidad es una ley bien precisa y práctica por ser una ley de la naturaleza que surge de ella.

C 33. La lira apolínea es un instrumento de cuerdas. Pitágoras no descartaba las flautas, pero en ciertos casos no se usaban. Se pensaba que la cuerda intervenía también en las enfermedades mentales. La vibración de la cuerda es más completa que la de la caña, más allá del sonido más o menos bello tanto desde el punto de vista armónico como de resonancia o de significado. Podemos notar que los instrumentos de cuerda siguen la evolución de una civilización, y el solo hecho de construirlos representa una gran evolución. Las melodías producidas con un instrumento de cuerda tienen una influencia que podemos definir supramental respecto de las producidas por las flautas u otros instrumentos. Es el aspecto apolíneo que prevalece, si bien el otro, el dionisíaco, caracterizado por flautas y otros instrumentos, podía ser útil en ciertos casos. En el pasaje de Jámblico se habla de catarsis y de terapia, y la terapia, para ser tal, debe armonizar. Los ritmos desbloqueantes son dionisíacos, pero luego de estos es necesario agregar la parte apolínea. O sea, luego de un momento de total desbloqueo de las tensiones por medio de ritmos insistentes, casi vertiginosos, que en las músicas antiguas se obtenían con flauta y percusiones, la cuerda comienza a sedar y a colocar cada elemento, antes disperso, en su justo sitio. Esta es una idea pitagórica: lo apolíneo no tiene espacio sin lo dionisíaco, ya que son complementarios. Lo dionisíaco dispersa para que lo apolíneo sintetice. Uno y otro son importantes, y el discernimiento es necesario para comprender en cuáles momentos va bien uno en vez del otro. Uno de los modos que utilizaba Pitágoras era el dórico, que inicia en el tercer sonido, el Mi. En consecuencia, Mi La Si Mi constituyen la base de las Proporciones universales. Cada uno de los siete sonidos de la escala musical se convierte en la base de la propia escala, base que era llamada «Arché»: arquetipo, origen, antiguo, primero, fundamental. En vez de decir Do Re Mi Fa Sol La Si, se debería decir el arché de Do, el arché de Re, etc. Así, cada uno de estos sonidos sugeriría una energía primordial. El arché de Mi es el modo dórico, del Mi surge el modo dórico tanto en fase descendente como en fase ascendente. En todos los modos griegos las escalas son descendentes y solo algunas veces se usan las ascendentes con significados y formas totalmente diferentes. Sin duda la serie ascendente y la descendente de la escala no son la misma cosa, como no lo es el simbolismo de estos arché: una cosa es que las fuerzas primordiales desciendan y otra que las fuerzas biológicas asciendan. Cada sonido es un arquetipo universal e ideológico: como arquetipo universal, descendiendo, lleva consigo energías universales, mientras que como arquetipo ideológico puede ascender hacia lo universal. En la serie ascendente, entonces, se asciende hacia lo universal, en la serie descendente se recibe la energía universal. Antiguamente la concepción era esta, y es interesante saber que hasta el período áureo del mundo griego se pensaba de modo descendente en el sentido que las energías se consideraban flujos divinos, cósmicos, que llegan hasta el hombre. Posteriormente, en los períodos de individualización humana, el hombre tratará de ascender hacia lo universal haciendo aparecer matemáticamente las escalas ascendentes. Se podría hacer una cronohistoria de la música y ver que está entretejida en todas las manifestaciones del hombre. Con el tiempo se convierte en un fenómeno vinculado al individuo, deja de ser la representación de civilizaciones enteras de pueblos y naciones para pertenecer al individuo que, a través de ella, trata de expresar lo universal y de ascender hacia este. Para la Grecia antigua la escala descendente y ascendente, y la serie de los armónicos ascendentes y descendentes tienen un significado muy profundo.

C 34. Un efecto similar lo obtuvo también Empédocles durante un banquete en el que estaba presente el rey Anquito. Un joven que estaba por asesinar al rey porque había condenado al padre fue tranquilizado por el cambio del tono de la lira. El joven se convirtió en su discípulo más ilustre.
Traducción de Jámblico. Vita pitagorica. XXV, 113.

C 35. Este escrito nos hace plantearnos algunas preguntas. ¿Estos grandes hombres, Jámblico, Platón, Aristóteles, Damón, etc., pueden haber atribuido a la música, a estos ritmos, un valor nacido de sus impresiones subjetivas, o un modo musical tiene efectivamente una determinada influencia y por ende un poder catártico? Y el encanto —no el encantamiento, que es toda otra cosa—, o sea el «cantar interno» ¿no tiene a su vez una alta influencia? Todos estos aspectos tuvieron vigencia hasta finales de la Edad Media, con ideas griegas pero alejadas de las originales de la Grecia antigua. Con el Renacimiento estos contenidos desaparecerán casi por completo y nacerán modos musicales completamente diferentes, no digo contrarios a los antiguos, sino alejados de esta idea de purificación, de esta catarsis, de este modo terapéutico y educativo de la música. Estas partes de la «Vida pitagórica» nos comunican realidades diferentes y nos indican la presencia de rigor científico. Jámblico nos cuenta que Pitágoras atribuía a «suerte divina» el haber escuchado al herrero, y que agradecía a un dios por su descubrimiento. Evidentemente, para él el descubrimiento no constituía una investigación mental, sino una verdadera inspiración seguida de una investigación bien precisa. Gracias a la sabiduría de Pitágoras hoy estamos informados de algunos detalles fundamentales del sonido y de la música, y viceversa, no hubiera sido posible conocer el modo de proceder de los armónicos y el aspecto matemático de las diferentes octavas dentro de las cuales proceden los armónicos. Este tema fundamental se tratará en profundidad más adelante. Consideremos entonces la importancia de estos aspectos y de cómo educaba Pitágoras por medio de la música. Podríamos preguntarnos por qué Pitágoras hacía cambiar tono y ritmo, y por qué provocaban cambios en el ánimo. Las adaptaciones, las armonizaciones, los tratamientos —descriptos como aspectos muy importantes de la vida pitagórica— constituyen la aplicación de la educación musical. Tenemos el descubrimiento de lo que se llama «coma pitagórica», que es la diferencia existente en el ámbito de las diversas octavas entre una progresión de 12 quintas y una progresión de 7 octavas. Dicha diferencia, del margen de un octavo de tono, se denomina «coma sintónica». Si también en la geometría, en la astronomía y en las otras ciencias se llega a tal grado de precisión, ¿cómo se puede pensar que las formas de educación, de terapia y de catarsis no eran igualmente precisas y actuadas con conocimiento de causa?

C 36. O mejor dicho, lo menciona, pero se lo debe intuir. «Tampoco podremos llegar a ser músicos, ni nosotros ni los guardianes que decimos haber de educar, mientras no reconozcamos, dondequiera que aparezcan, las formas esenciales de la templanza, valentía, generosidad, magnanimidad y demás virtudes hermanas de estas, e igualmente las de las cualidades contrarias». «¿Pero el verdadero amor no consiste por naturaleza en el amar orden y belleza según las normas de la templanza y la música?». «El fin último de la música es el amor de la belleza».
Platón. República III, XII b, c; XII a. Laterza.

C 37. También en tiempos actuales, si bien sin hablar específicamente de Pitágoras pero remitiéndose netamente a él, Edgar Willems (1890-1978), educador musical belga que se remontó al pensamiento griego antiguo, repropuso al mundo musical contemporáneo la idea de la música en relación con la vida, el tener que ser educados musicalmente para redescubrir los valores uniendo estos dos puntos completamente separados, y atribuyendo al polo espiritual y al material de la existencia ciertos niveles que están en relación con la música. Por ejemplo la vida fisiológica asociada al ritmo, la vida afectiva a la melodía, la vida mental a la armonía, redescubriendo así con modos muy simples pero sumamente profundos que entre los momentos de la vida fisiológica, afectiva y mental hay un polo material junto a la vida fisiológica, y un polo espiritual que se aproxima a la vida mental donde la música, en perfecta conexión y conjunción, armoniza los dos polos. Y que los medios más simples y profundos de la música como el ritmo, la melodía y la necesidad de armonía, o sea de acuerdo (acorde), son expresión de una vida interior, espiritual y material. Entre esta propuesta en el siglo XX y la enseñanza pitagórica no hay diferencia. En estas ideas hay un punto de apoyo para una educación musical más profunda de los niños y los adultos llevada a nivel general.

C 38. No es un misterio que el hombre está formado por varios planos de existencia interconectados. El físico, el emotivo, el mental y el espiritual son verdaderos «cuerpos» uno más sutil que el otro, donde el más sutil abarca a aquellos menos sutiles y les da forma. Todos actúan en uniformidad.

NOTAS AL CAPÍTULO III

N 1. Jámblico. Vita pitagorica. Cap. XX. Laterza.

N 2. Jámblico. Vita pitagorica. Cap. XXI. Laterza.

N 3. Jámblico. Vita pitagorica. Cap. XXI. Laterza.

N 4. Lira heptacorde de Hermes y Apolo.

N 5. Jámblico. Vita pitagorica. Cap. XXI. Laterza.

N 6. Jámblico. Vita pitagorica. Cap. XXI. Laterza.

N 7. Jámblico. Vita pitagorica. Cap. XXI. Laterza.

N 8. Jámblico. Vita pitagorica. Cap. XXI. Laterza.

N 9. Hipócrates de Cos. 460 - 370 a.C., el más importante médico de su época cuyo nombre siempre se asocia al famoso juramento. Dos reglas: «...atenerme en mi actividad a los principios éticos de la solidaridad humana»; «curar a todos mis pacientes con igual escrúpulo y compromiso independientemente de los sentimientos que me inspiren y prescindiendo de toda diferencia de raza, religión, nacionalidad, condición social e ideología política». Hipócrates sostiene el principio según el cual los remedios contra las enfermedades están en la propia naturaleza.

N 10. Es por este poder que Abari era llamado «viajero del éter». Porfirio «Vida de Pitágoras. Los versos áureos, los símbolos, las letras». Cap. 29. Editorial Carabba, 1928.

N 11. «Se transmite también que una vez, estando su cuerpo desnudo, fue visto su muslo de oro».
Diógenes Laercio. Vidas de filósofos. VIII, 11.

N 12. Jámblico. Vita pitagorica. Cap. XIX. Laterza.

N 13. Porfirio. «Vida de Pitágoras. Los versos áureos, los símbolos, las letras». Cap. 41. Editorial Carabba, 1928.

N 14. Porfirio. Vida de Pitágoras. Los versos áureos, los símbolos, las letras». Cap. 42. Editorial Carabba, 1928.

N 15. Hay otros pasajes que tratan el problema de las habas:
«Y como Milias y Timica rechazaban todas sus propuestas, el tirano agregó: «Si me enseñáis una sola cosa, os iréis a salvo con una escolta apropiada». Cuando Milias le preguntó qué era lo que deseaba saber, Dionisio respondió: «¿Por qué motivo prefirieron tus compañeros morir a pisar las habas?». Y Milias inmediatamente dijo: «Ellos decidieron morir para no pisar las habas; yo, en cambio, prefiero pisar las habas para no decirte el motivo de ello». Dionisio quedó impresionado y ordenó que se llevaran a Milias a la fuerza y mandó también que sometieran a tormento a Timica (pues pensaba que una mujer encinta y aislada de su marido hablaría fácilmente por miedo a los tortura). Ella, sin embargo, mujer de noble condición, haciendo rechinar los dientes sobre su lengua, se la cortó y se la escupió al tirano, con lo que hizo ver que, aunque el sexo femenino, vencido por la tortura, fuera obligado a descubrir algún secreto, lo que servía a ellos quedaba completamente cercenado por ella. Así manifestaban su oposición a las amistades con los de fuera, aunque se tratara de personas de condición real».
«En Tarento vio un buey, en un prado de variadas hierbas, que había agarrado unas matas de habas y, acercándose al boyero le recomendó que le dijera al buey que se abstuviera de las habas. El pastor se chanceó de él por lo de «dijera» y le indicó que no sabía decirlo en la lengua de los

bueyes, pero que si él sabía, su recomendación resultaba inútil; que él debía aconsejar al buey. Se acercó, pues, él mismo y durante un gran rato susurró al toro al oído, y entonces no solo lo apartó de buen grado, sin problemas, de las habas, sino que dicen que nunca más, en modo alguno, aquel buey probó las habas y que por muchísimo tiempo permaneció en avanzada edad por el templo de Hera, en Tarento, y todos lo llamaban "el buey sagrado de Pitágoras", alimentado con la comida que le ofrecía la gente que se lo encontraba.»
Jámblico. Vita pitagorica. Cap. XXXI y XIII. Laterza.
«Prohibía comer habas porque constando estas de mucho aire participan también mucho de lo animado, aunque por otra parte hagan buen estómago, y hacen leves y sin perturbaciones las cosas soñadas».
Diógenes Laercio Vidas de filósofos. Libro Octavo, Cap. I, 24.

N 16. Filolao, nativo de Crotona, fue el primer pitagórico que hizo públicas las doctrinas de Pitágoras. Durante una visita a Italia de joven, Platón le compró por cien minas las tres obras pitagóricas que poseía. Fue asesinado por los crotonianos porque pensaban que quería aspirar a la tiranía.
Diógenes Laercio. Vidas de filósofos III, 6; VIII, 15; 84-85.

N 17. Éuritos de Taranto, otro de los pitagóricos visitados por Platón.
Ibídem III, 6.

N 18. Carondas de Catania fue uno de los más famosos legisladores de la Magna Grecia.
Ibídem VIII, 16.

N 19. Zaleuco de Locri, también un gran legislador.
Ibídem VIII, 16.

N 20. Brisón, filósofo que concibe la realidad como ininteligible.

Ibídem I, 16.

N 21. Arquita de Taranto, uno de los pitagóricos que se salvó del incendio provocado por Cilón y sus seguidores. Fue quien, con una carta, salvó a Platón que estaba por ser enviado a la muerte por el tirano Dionisio de Siracusa. Existe una correspondencia suya con Platón. Era admirado por todos por sus virtudes.
Ibídem VIII, 39; 79–83.

N 22. Aristeo, sucesor de Pitágoras en la dirección de la escuela. Jámblico. Vita pitagorica. XXIII. Nota 104.

N 23. Lisis de Taranto fue compañero de fuga de Arquita. Se refugió en Tebas y fue preceptor de Epaminondas. Se dice que las obras transmitidas bajo el nombre de Pitágoras son suyas. Así habla Lisis de Damo, hija de Pitágoras, en una carta a Hipaso: «Y ella, pudiendo dar sus libros a carísimo precio, no quiso hacerlo, estimando la pobreza y las órdenes paternas más preciosas que el oro. Y era una mujer».
«Lisis» es también uno de los Diálogos de Platón.
Diógenes Laercio. Vidas de filósofos. VIII 7, 39, 42.

N 24. Empédocles de Agrigento. Su preceptor fue Telauges, hijo de Pitágoras, y fue uno de los pitagóricos más ilustres. Su obra más famosa, las «Purificaciones», es un compendio de doctrinas pitagóricas éticas y morales. Cuando debía referirse a Pitágoras, no lo nombraba, y es famosa su frase: «Había entre aquellos un hombre por sabiduría excelente que poseía grandísima riqueza en inteligencia». Todos los pitagóricos, cuando debían hablar de Pitágoras, decían: «Ese hombre». Empédocles tenía poderes sobre la naturaleza y se lo llamaba «pacificador de los vientos». Se dice también que resucitó a una mujer muerta. Fue uno de los primeros filósofos griegos de la teoría de la reencarnación. Según la legenda, murió arrojándose al Etna.

Ibídem VIII 43, 54.

N 25. Zamolxis o Salxis. El nombre significa «envuelto en piel de oso», porque apenas nacido lo cubrieron con esta piel. Esclavo en Tracia, fue comprado por Mnesarco, padre de Pitágoras, quien sentía por él un gran afecto.
Porfirio. «Vida de Pitágoras. Los versos áureos, los símbolos, las letras». Cap. 14. Editorial Carabba, 1928.

N 26. Epiménides de Creta, uno de los Sabios griegos, además de los Siete. Se dice que acompañó al propio Pitágoras a la caverna de Ida en Creta. Cuenta la leyenda que un día se durmió en una caverna y se despertó luego de cincuenta y siete años. A partir de ese momento adquirió poderes internos y controló, entre otras cosas, la peste de Atenas cuya causa atribuyó al sacrilegio de Cilón que asesinó a los pitagóricos. Además tuvo dotes proféticas. Cantó la construcción de la nave Argos y el viaje de Jasón a Cólquide. Relata un historiador que habría vivido hasta los ciento cincuenta y siete años.
Ibídem I 42; 110–112; VIII 3.

N 27. Milón de Crotona fue un famoso atleta panhelénico. Era suya la casa que incendió Cilón durante una reunión de los pitagóricos con la presencia de Pitágoras.

N 28. Leucipo de Elea, el padre del atomismo, dado que fue el primero en decir que los átomos son los principios originarios de todas las cosas. Investigador de los cuerpos celestes, se le atribuye el libro «La gran cosmología». Según Apolodoro fue maestro de Demócrito.
Ibídem IX 30–33; 46 X 13.

N 29. Alcmeón de Crotona fue oyente de Pitágoras y se ocupó sobre todo de medicina. Decía que el alma es inmortal y que se mueve continuamente, como el sol.
Ibídem VIII 83.

N 30. Hipaso de Metaponto decía que el tiempo del cambio del universo está definido, que el universo entero tiene límites determinados y está en perpetuo movimiento.
Ibídem VIII 84.

N 31. Jámblico. Vita pitagorica. XXII, XXIII. Laterza.

N 32. Se trata de Hans Kayser.

N 33. Más adelante veremos algunos ejemplos, cuando tratemos los armónicos y las Proporciones universales.

N 34. Para el buey, véase la nota 15. En cuanto a la osa y el águila:
«En efecto, a la osa de Daunia que importunaba a los lugareños, la capturó, según dicen, y durante un tiempo la amansó, le dio de comer torta de cebada y frutos secos y, tras hacerle jurar que ya no atacaría a un ser animado, la dejó libre. Y ya retirándose a los montes de encinas, no se la vio atacar en absoluto ni tan siquiera a un ser irracional».
«Otra vez en Olimpia, mientras conversaba casualmente en unas olimpíadas con sus discípulos sobre los augurios de las aves, los presagios y las señales celestes, pues algunas son también en sí mensajes para aquellos hombres que realmente son gratos a los dioses, se dice que un águila, que sobrevolaba el lugar, descendió hasta donde estaban y, tras acariciarla, la dejó ir de nuevo. Por estos y parecidos hechos, demostró que tenía el dominio de Orfeo sobre las fieras, al hechizarlas y dominarlas con el poder de su voz».
Jámblico. Vita pitagorica. Cap. XIII.

N 35. En una ocasión, mientras atravesaba el río Neso en compañía de muchos discípulos, le dirigió la palabra y el río le respondió con voz clara y penetrante que todos oyeron: «¡Salve, Pitágoras!».
Jámblico. Vita pitagorica. Cap. XXVIII.

N 36. En efecto, la de Pitágoras se llama a menudo enseñanza órfico/pitagórica. Pitágoras fue iniciado en el orfismo por la sacerdotisa Temistoclea del templo de Delfos.

N 37. «La catarsis se convierte en una real transmutación de los elementos psíquicos indeseables, logrando disolver y resolver los puntos de congestión psíquica. Prácticamente, a partir del oír fisiológico sensorial logramos sentir todo el organismo psicosomático como un 'gran oído'. De hecho, cuando pasamos del oír al estadio del 'sentir', interviene el elemento afectivo otorgando nuevos significados a la misma realidad sonora, antes incomprendida e inconclusa». Eufonía, el Sonido de la vida. Daniel Levy.

N 38. En la literatura griega el peán es el canto coral (himno) en honor de Apolo en su aspecto sanador.

N 39. Jámblico. Vita pitagorica. XXV. Laterza.

N 40. Jámblico. Vita pitagorica. XV. Laterza.

N 41. «Después de la música, hay que educar a los jóvenes en la gimnasia».
Platón. República. III° XIII c.

CAPÍTULO IV

ASTROLOGÍA PITAGÓRICA

- *Los planetas.*
- *La década pitagórica.*
- *El juramento pitagórico y el filósofo.*

La música es la armonía del cielo y de la tierra;
la ceremonia es la jerarquía entre cielo y tierra.
Gracias a la armonía surgen y se desarrollan los seres,
a través de la jerarquía se articula la multiplicidad.
La música extrae su fuerza eficiente del cielo,
los ritos explican su fuerza ordenadora en la tierra.
La música está en el inicio de la creación,
los ritos nacen de los seres terrestres.

Si se produce la armonía perfecta entre cielo y tierra,
o sea la «gran música»,
los ritos y la música penetran hasta las inteligencias de los espíritus celestes, obligando a las fuerzas del cielo a caer sobre la tierra y permitiendo a las fuerzas de la tierra que se eleven al cielo.

del Yo-Ki

Si el hombre excelso honra las ceremonias y la música,
cielo y tierra hacen esplender su luz.
Cielo y tierra unirán felices su fuerza,
Yin y Yang concordarán, y todas las cosas serán insufladas, protegidas, custodiadas y se harán crecer.
Así se desarrolla la vegetación de plantas y árboles, y crecen los capullos cerrados.
Las cohortes aladas y emplumadas levantan vuelo, crecen los cuernos, los insectos se despiertan del sueño invernal y salen a la luz.
Las aves empollan sus huevos, las bestias peludas se aparean y procrean a los pequeños.
Los mamíferos no son afectados por abortos y no perecen las avecillas en los huevos.

Todo esto se debe atribuir a la influencia de la música.

del Li-Ki

Los Planetas

Hemos llegado a la mitad de nuestro tratado. Para adecuarnos, por decirlo así, a la música de las esferas, imaginemos que hemos iniciado con el Sol y terminado con Venus. Mercurio se encuentra a mitad camino. Esta breve introducción a Pitágoras que estamos tratando tiene un significado profundo y es también muy significativo que termine con Venus, planeta del influjo de la belleza y la armonía, y que sobre todo encarna una fundamental corriente de amor. Sabemos que los días de la semana toman el nombre de los planetas y que cada planeta influye el día dedicado a él. Lógicamente este concepto es más amplio e incluye muchos otros significados.

Ser conscientes de esto es bueno. Para no sufrir influencias es conveniente seguir un ritmo natural (C 1) y poner en armonía el interior con el exterior. Una característica fundamental de Mercurio es que se trata del mensajero alado, representado con alas en los tobillos y detrás de las orejas, como si los tobillos fueran alas y el oído fuera alado. Pero el símbolo fundamental, más allá de esta representación, es el Caduceo, dos serpientes aladas enroscadas alrededor de un eje. Este representa las dos corrientes Ida y Pingala de la columna vertebral, dentro de las cuales circulan energías solares y lunares (C 2).

Luego del día del Sol y el de la Luna —domingo y lunes—, viene el martes, consagrado a Marte, que es fundamentalmente el dios de la guerra interior. Marte es Ares, una forma de Dionisio llamado también Ares-Dionisio. Es una de las divinidades más importantes, símbolo de la guerra interna que permite que surja la luz. Sea bienvenido, entonces, también Marte en nosotros. Más allá de las batallas externas, es importante sobre todo para las batallas internas, para la conquista de uno mismo, para la conquista de la ciudad santa, de la ciudad celeste. En el Bhagavad Gita (C 3) es el principio Marte que provoca la lucha entre los Pandava y Kaurava, con Krishna y Arjuna de parte de los Pandava, para la conquista de Hastinapura, la ciudad de los elefantes, o sea, para la conquista de la sabiduría. Se trata de una guerra interior para llegar a ser Kshatriya, el guerrero que lucha por la conquista de esta ciudad (C 4).

Volviendo a Mercurio, no es exactamente un mensajero sino el mediador —la diferencia de significado es sustancial—, es ese tipo de energía que media en nosotros y es portadora de ideales, es aquello que hace circular todas las energías entre el polo espiritual y el material. Mercurio tiene el poder de conducir y transmitir las energías aladas que vienen de lo alto hacia la parte más material. En el antiguo Egipto se lo conocía como Thot-Hermes; es también una forma de Buda-Mercurio. No es solo un planeta, sino un principio portador de energías que descienden desde lo alto hacia abajo. Esta es la correspondencia entre las alas sobre la cabeza y las de los tobillos. Este símbolo nos puede permitir comprender que nosotros podemos tener los pies sobre la tierra pero también ser alados, livianos. Es evidente que esto no significa que también la cabeza deba estar sobre la tierra, porque por algo somos seres verticales incluso como postura física. Tener los pies alados sobre la tierra significa que estamos solo apoyados, dado que existe una ley de gravedad a la que se debe subordinar la física materialista, ley que de todos modos puede ser vencida. Respetar la ley de gravedad en todos sus sentidos no es un axioma universal. De todos modos es posible volar, aún teniendo los pies, que justamente para esto son alados. Esto nos hace reflexionar sobre ciertos centros de energía secundaria identificados por el hinduismo y la doctrina antigua, que se encontrarían en los tobillos. Hay innumerables centros secundarios raramente mencionados, pero que están indicados en algunos tratados de medicina y fisiología interna, sutil, que se encuentran justamente sobre los tobillos. Véase por ejemplo la leyenda de Aquiles, que tiene su punto débil en el talón izquierdo. En nuestro organismo es evidente la identificación de zonas positivas y negativas que permiten la circulación de las energías solares y lunares en contraposición, aún no bien armonizadas.

Ha sido también tarea de Ares traerlas a la luz, confrontarlas para luego armonizarlas mediante la guerra interna. Júpiter se refleja como Padre esencial de todas las criaturas y todas las cosas, con la ayuda de la mediación de Mercurio, que representa no solo la sabiduría, no solo el mundo de las musas, sino todas las manifestaciones inclusivas de Júpiter, dado que este es su Padre celeste. Mercurio puede hacer que todas las manifestaciones de Júpiter lleguen a las partes más materiales. Venus, al ser celeste, tiene dos aspectos: uno de Amor y de Belleza, y en este caso se llama Venus Urania, y el otro que es el del amor terrestre, y en este caso es simplemente Venus.

Saturno ha sido aparentemente dejado de lado, pero también su función es fundamental. El sábado, día de Saturno, antiguamente era un día de reposo absoluto. Aún hoy se habla de año sabático para indicar el año de reposo de una persona que ha trabajado durante mucho tiempo. Aunque en este caso no se trata del reposo de quien no hace nada, sino de la calma necesaria para que se pueda meditar sobre el cambio que debe sobrevenir. Por ende, desde esta óptica Saturno es el obstáculo, es quien presenta todos los obstáculos para poner a prueba todas las energías precedentes y posteriores. En la astrología común, normalmente Saturno es quien se opone, y todos consideran que tenerlo en la casa es una de las peores suertes. En verdad, se lo debe considerar bajo su otro aspecto, que es el de poner los obstáculos pero a fin de poder «iniciar», dado que sin los obstáculos a superar no tendríamos idea de nuestras reales fuerzas. Por este motivo se dice que Saturno es «el gran iniciador».

Por otra parte, sin obstáculos, nadie podría ser héroe. Los trabajos de Hércules ¿qué eran si no un desafío a los obstáculos puestos por Saturno? ¿Por qué Heracles se vuelve divino, quién lo hace divino? Se vuelve divino gracias a Saturno. El propio obstáculo son las mismas energías de luz, que son quienes lo colocan y a la vez lo remueven. Esta es una lección no muy fácil de aprender cada día, pero es justamente del obstáculo de donde se extrae la luz. Se dice que para las mentes heroicas los obstáculos no son sino los peldaños que conducen a la verdad y la realización. Peldaños, entonces, y que sean bienvenidos estos obstáculos cuando aparecen, porque una vez superados y resueltos nos queda más luz, y lograr esto no es más que una función fundamental de Saturno.

Al mismo tiempo el sábado era un día de paz, de reposo entendido como la culminación de la paz, donde vivir la paz. Es absurdo que se represente a Saturno como obstáculo y cosa terrible, y también como paz y día de reposo. El sábado no es prerrogativa del judaísmo, el sábado se celebraba mucho antes, es la idea de ese séptimo día en el que Dios reposa luego de haber creado todas las cosas (C 5). El sábado es la séptima parte de todas las cosas.

En un recorrido iniciático que consta no de siete sino de ocho fases, se inicia con el sábado para terminar el sábado siguiente. En el primer sábado se preparan todos los obstáculos que se deben superar para llegar, durante el recorrido, a la paz del sábado siguiente. Es necesario tener presente que se está hablando de simbolismo y no exactamente de los días de la semana. Si se conserva la idea de los planetas en relación con los días, el domingo, día del Sol, no debería ser el séptimo día sino el primero. De hecho, si se parte de lo universal para llegar a lo particular, se debe partir del Sol. Si no existe el Sol, no existe el sistema solar, no puede estar primero el sistema solar y luego el Sol. Por lo cual, iniciando nuestro recorrido desde el Sol, alcanzamos la paz a través del amor, se llega a Saturno por medio de Venus. Es muy extraño que la paz se alcance en Saturno, y en cambio ese es justamente el doble aspecto de esta antiquísima energía. Por un lado tenemos la decrepitud, la vejez, y por el otro la paz de lo antiguo. Por un lado está la parte decadente, el obstáculo, superado el cual se alcanza la paz arcana, la paz aún más vieja que el obstáculo.

Esta meta no se puede alcanzar de otro modo, debe ocurrir atravesando Venus, la paz no se puede lograr sin el amor y sin la belleza (C 6), sobre todo sin el amor celestial que lleva también al amor terrenal, y en verdad estos dos amores no son muy diferentes. También Venus, como cada planeta, tiene un aspecto dual, y por esto se dice que hay dos tipos de astrología, una profunda, del alma, y una personal a la que se remite el horóscopo. Ambas son válidas, pero si se comienza a vivir en el plano del alma, habría que remitirse más a la parte celestial de estas potencias. En otras palabras, más a la verdadera música de las esferas, a la verdadera armonía de las esferas. Los otros aspectos, aunque verdaderos, se refieren a la influencia sobre la personalidad de cada uno de nosotros. Si comenzamos a descentralizar de la personalidad nuestras energías para transferirlas al plano del alma, o sea si comenzamos a vivir una vida más esencial, nos pondremos en contacto con el flujo celeste de los planetas y no con el terrestre.

Esta se llama astrología pitagórica. Nosotros experimentamos la influencia de los planetas mientras somos pasivos, o sea, nuestra personalidad es pasiva. No es muy diferente la influencia que tiene la luna sobre las mareas del influjo que sienten nuestras aguas cuando somos pasivos. En cambio, si nos elevamos hacia el reino anímico esencial, estas influencias comienzan a disminuir para dar lugar al despertar de las influencias esenciales. Estos aspectos duales se notan mucho más en Venus, como amor celestial y como amor terrenal, y por esto se hablaba de música de las esferas y de música terrenal. En la Edad Media se hablaba de música mundana, no como se la entiende ahora, sino porque es música del mundo, música humana, música del alma del mundo. En este sentido, hablar de música de las esferas y de música terrestre tenía el mismo significado. La música humana más elevada era aquella que estaba en contacto con la música de las esferas. En consecuencia, la influencia de los planetas era dual. Pero si nos ponemos en el lugar de los planetas, en realidad es falso decir que el planeta tiene una influencia dual, ya que es más correcto decir que nosotros somos seres duales y como tales, recibimos las influencias de modo dual. Los planetas emiten una única energía. El Sol emite su energía y nosotros la recibimos de forma dual y con infinitas características, energía que hace bien o mal sobre la base de nuestra dualidad. Esto vale para Venus, Saturno y todos los otros planetas. Ellos canalizan la energía solar, que es energía espiritual en todos los sentidos, y esta *misma energía se refleja en nosotros dualmente mientras seguimos siendo duales.*

A medida que se alcanza una cierta unidad durante la evolución humana, la influencia se torna gradualmente única. Por este motivo, Pitágoras decía que escuchaba la música de las esferas. En realidad, Pitágoras era la música de las esferas, dada su identificación total con esta música. Y al haber identificación, no existía para él la dualidad.

Mercurio es dual, pero es alado y hace confluir todo en lo alto. Es dual, pero alrededor de un eje que es el punto principal. El símbolo del Caduceo muestra que lo solar no es más importante que lo lunar, si bien lo importante es aquello que va más allá de estos dos aspectos, aquello que asciende y que confluye en la parte superior. O bien, para verlo desde otro punto, se puede notar que lo universal se divide en dos partes para alcanzar la parte inferior. Los pitagóricos dicen que en todas las cosas es mejor partir de lo universal para comprender lo particular. No es fácil, pero es la más esencial de las formas. De hecho, nos resulta mucho más difícil pensar que se unen dos energías alrededor de un eje. Podemos pensarlo, pero lo que nos resulta más difícil es «cómo» se unen, de qué modo y cómo es posible que se puedan unir. Es más simple para nosotros pensar que se han plasmado de una *Unidad que se convierte en Tres*. Este último punto es el fundamento del pensamiento pitagórico: el Uno es la base de todas las cosas y se manifiesta de tres formas, hay un eje y hay dos energías alrededor del eje, y juntos forman un triángulo. Por lo tanto, en verdad el Caduceo de Mercurio parte de lo alto, de la unidad, de la síntesis. Esto hacía decir a los neoplatónicos, que también eran pitagóricos, y sobre todo a Plotino, que los «muchos emanan del Uno». Esta es la doctrina de las Emanaciones, pero los muchos, desde el punto de vista del filósofo, son solo la percepción humana de una unidad que jamás se subdivide.

La década pitagórica

Para los pitagóricos y los neoplatónicos la unicidad de cada uno de nosotros no revela nuestra división (C 8). «¡Cada uno de nosotros es único, no solo, sino único!». Y con ese «solo», en todo caso, se quiere decir «Solus», o sea Sol. El hombre es único y solo no en el sentido de estar aislado y separado, sino porque es un Sol, un todo. El sentir aislamiento y diversidad es llamado 'herejía de la separatividad'».

Por esto los pitagóricos decían que todo es Uno y que el Uno se manifiesta luego en todos los otros números. Este no es un simple concepto, sino que es el Uno, el principio del todo. Plotino, Pitágoras y Platón enseñaban el regreso al Uno. Si yo regreso al Uno, quiere decir que sé que existe el Uno. Todo está compuesto por 1, por 3, y luego por 7, y este ciclo concluye en el 8 para pasar a un ciclo sucesivo. Visto numéricamente, se trata de un proceso catártico porque luego de haber atravesado siete fases se alcanza la paz. Luego de la paz viene nuevamente el 9. Nueve quiere decir «nuevo». Cuando se habla de una cosa nueva, lo que estamos diciendo es «nueve». En este punto el 10 era considerado número perfecto, porque es el regreso al Uno. El 10 no es visto como 10, sino que es el Uno.

Para resumir, el 1 se manifiesta en 3, el 3 en 7 y en el proceso del 8 (C 8) encontramos el punto nuevo, porque el 8 es el pasaje al 9. Pero el 8 es tanto conclusión de una etapa como inicio de una nueva etapa, visto por quien parte desde abajo. El 9, como ciclo, está cerca del 1. Todo el misterio está contenido en el símbolo de la Década pitagórica. Tenemos diez puntos que constituyen un triángulo, cuatro planos y diez unidades que parten del Uno. Creo que es imposible encontrar un símbolo más abstracto que este, o más esencial. Los diez puntos son la idea de los diez soplos vitales diferentes. Los espacios libres entre los diez puntos son la idea de verdaderos intervalos musicales que evidentemente son espacios interiores. El símbolo de la Tetraktys expresa todas las posibilidades conocidas para comprender la numerología, el significado del número, los diferentes misterios de la existencia y de las Proporciones universales.

El juramento pitagórico y el filósofo

Hay una fórmula que los pitagóricos adoptaban como juramento, que dice: «Por el que ha descubierto la *Tetraktys* de nuestra sabiduría, fuente en sí que encierra las raíces de una naturaleza en devenir». El nombre Pitágoras ni siquiera se mencionaba porque se lo consideraba demasiado sagrado como para hacerlo. El juramento, en la escuela pitagórica se hacía sobre la Tétrada, sobre este símbolo que no puede ser más abstracto, principio de todas las cosas, y sobre todo aquello que significa la Tetraktys.

Continuemos con la «Vida»:

«Pitágoras fue el primero que dio nombre a la filosofía y dijo que era un deseo y una especie de amor por la sabiduría, y que la sabiduría era la ciencia de la verdad de los seres (N 1). Afirmaba que los entes eran las cosas inmateriales, eternas y solo eficientes, como lo son las incorpóreas. Por otra parte solo por homonimia se denominan entes, por participación de las primeras, las así llamadas formas corpóreas, materiales, que son generadas y corruptibles y en realidad para nada «entes». La sabiduría es la ciencia de los entes propiamente dichos, y no por mera homonimia, dado que las cosas corpóreas no son objeto de ciencia ni permiten un conocimiento estable, al ser indeterminadas e inaccesibles por la ciencia, y, por su distancia de lo universal, casi "no entes" y no aptas para circunscribirse fácilmente a una definición. Pero de lo que por su naturaleza no es objeto de saber, no se puede ni siquiera concebir ciencia: no puede existir el deseo de una ciencia sin sustento, sino que, antes bien, de aquella que tiene por objeto los entes en su sentido estricto, siempre iguales a sí mismos, inmutables, a los que siempre se acompaña, justamente, la calificación de entes. A la comprensión de estos, sucede que se acompañe también la de los entes por homonimia, pero sin una intención manifiesta, tal como a la ciencia de lo universal sigue la de lo particular. Arquitas (N 2) dice: «Quien conoce adecuadamente lo universal también está en condiciones de conocer rectamente lo particular En su real modo de ser». Por lo tanto, los entes no son únicos, ni de un solo tipo ni simples, sino que se presentan variados y múltiples: los inteligibles e incorpóreos, a los cuales pertenece propiamente la denominación de entes, y los corpóreos y sensibles, que solo por participación están en comunión con el ente real.

Sobre todos estos hechos transmitió los conocimientos más apropiados y no dejó nada sin investigar. También legó a la humanidad ciencias comunes, como la demostración, la definición y la distinción (diairética), según se puede saber por las anotaciones de los pitagóricos. Solía revelar a sus discípulos, de modo inspirado, mediante expresiones muy concisas, los significados profundos y complejos; tal como Apolo Pitio, mediante algunos dichos prácticos o, como la misma naturaleza por medio de semillas, pequeñas por su tamaño, produce respectivamente una inagotable e inimaginable cantidad de pensamientos y efectos.

Al respecto dijo Pitágoras:

El principio es la mitad del todo.

Que es apotegma del propio Pitágoras. No solo en el presente hemistiquio, sino en otros semejantes el divino Pitágoras encerró las chispas de la verdad para aquellos que eran capaces de encenderlas, celando, en la extremada síntesis de la expresión una vastedad realmente ilimitada y una infinita riqueza de contemplación especulativa, como la de que

todas las cosas son cónsonas al número (C 9)

lo que sin duda proclamó repetidamente frente a todos o, a su vez, en dicho como «Amistad es igualdad e igualdad es amistad», o bien en palabras como «cosmos», «filosofía», «esencia» o «tétrade». Todos estos pensamientos y otros más numerosos del mismo tipo, las ideó y elaboró para utilidad y encauzamiento de sus discípulos y, de este modo, y tan venerables y divinos fueron considerados sus pensamientos por los que los comprendían, que entre los condiscípulos se convirtieron en fórmulas de juramento:

No, por el que ha dado la Tetraktys al género humano, fuente que reúne en sí las raíces de una naturaleza perenne.

Tan maravillosa era esta forma de su sabiduría» (N 3).

Acá se recurre a la síntesis total, porque en estas semillas está concentrado todo lo necesario para un crecimiento. El mismo proceso que reconocemos a una semilla es exacto con una «semilla de este tipo». También por esto se dice que Pitágoras llamaba a estas meditaciones semillas o semillas de meditación. Sería muy interesante, dado el juego de palabras, ver por qué «semilla» (*semi en el original italiano*) quiere decir también «mitad» y que al mismo tiempo Pitágoras nos diga que el principio es la mitad del todo. El significado es que sometiendo una semilla de meditación al tratamiento correcto, esta debe brotar y crecer para ser aquello que es: si está destinada a un manzano, debe llegar a los frutos como cada semilla que se precie de tal; si está destinada a un ser humano, debe dar los frutos correspondientes. La semántica nació justamente de las semillas de las palabras, de sus orígenes y sus raíces. La fuente más inagotable para comprender la esencia de las cosas es el estudio de la filología antigua. Al estudiarla, nos damos cuenta de nuestra falta de lógica en la forma de hablar porque utilizamos términos que poco tienen que ver con su sonido y su significado. La filología es un verdadero yacimiento para el descubrimiento del real significado de términos que pronunciamos también de forma inconsciente. El italiano ha conservado muchas de estas raíces (C 10).

COMENTARIOS AL CAPÍTULO IV

C 1. El ritmo natural no es el ritmo habitual. Este último nos lo imponen las circunstancias externas y nosotros nos sometemos a él, mientras que el ritmo natural es seguir conscientemente las influencias naturales, que coinciden con nuestros verdaderos ritmos internos.

C 2. Este es siempre un tema sumamente delicado. Hay muchas personas que creen adquirir supuestos poderes focalizándose en estas energías que tocan puntos nodales, y lamentablemente se crean problemas muy serios. Estas energías primero se deben purificar, y la ética y la moral son los medios más idóneos al efecto. Hacer la experiencia directa de las máximas simbólicas y los versos áureos de Pitágoras sirve también para esto. Nunca será suficiente decir que tendrá problemas —y muy serios— quien juega con estas energías sin antes haber purificado sus cuerpos físico, emotivo y mental inferior que conforman la denominada triple personalidad.

C 3. Capítulo que forma parte de la gran epopeya del Mahabharata, el más grande poema indio escrito por Veda-Vyasa. El Mahabharata es inmenso, como tres Ilíadas y tres Odiseas juntas. El Bhagavad Gita es el capítulo más importante, una de las máximas perlas de la humanidad. Se ha traducido en casi todos los idiomas y ha sido comentado por los más estudiosos. Son notables las versiones de Radhakrishnan, Raphael, Sri Aurobindo, Annie Besant. Existe también una bellísima versión poética italiana de Giulio Cogni, que es la que más se asemeja al ritmo original sánscrito.

C 4. En estas pocas líneas hay una serie simbólica muy importante porque se refiere a cada tiempo y a cada ser humano. Es una lucha para que el dharma triunfe mientras se conquista a la vez el propio núcleo de fuego interior.

C 5. Es una mención muy velada a la doctrina de la evolución de los mundos.

C 6. Seguramente hay también una relación entre Venus y Venecia.

C 7. Y se ha dicho que esta es, precisamente, la filosofía del Advaita Vedanta —«Ver sin dualidad»— del gran Shankaracharya.

C 8. El 8 es el pasaje a una voluta superior de la espiral para el inicio de un ciclo evolutivo más amplio y más puro que el anterior. Cuantas más octavas superiores se logren percibir, y por ende vivir cada vez más lo imperceptible, más será posible acercarse al Sol, al Uno.

C 9. Detengámonos un momento. Acá advertimos una cosa particular a la que debemos estar atentos: cón-sono, con-sentir, con-sonancia. «Todas las cosas son cónsonas a los números». Una práctica que se debería adquirir es que cuando nos encontramos con una palabra particular y determinada, se debería buscar su significado originario. La única seguridad para poder comprender verdaderamente es ir a las raíces del significado. En este caso el significado de la frase está todo concentrado en «cónsonas». Todas las palabras que tienen «con» como raíz, por ejemplo «con-sonancia», etc., tienen que ver con un proceso que es «unido con», «puesto en relación con», «conectado con».

C 10. En la búsqueda del significado de una palabra en italiano, las referencias las tenemos solo con el griego y el latín, pero es necesario considerar también el sánscrito, del cual deriva el griego de modo fundamental. El griego antiguo contiene muchas raíces sánscritas. Para la India el sánscrito no es un idioma sino son todas las modalidades del habla, casi como decir los sonidos de la mente. Los antiguos gramáticos decían que el sánscrito no era sino todas las posibilidades vocales y la expresión, por medio de ellas, de todas las realidades que forman un cuerpo. Cuando traducimos del sánscrito, mucho es intraducible no porque no se conozcan las palabras, sino porque muchos términos representan estados de conciencia vividos que se expresan verbalmente.

El sánscrito se considera sagrado porque es salmodiado, y es el Devanagari, el lenguaje de los dioses. Es el canto que los dioses aceptan como sacrificio más sagrado.

Para el concepto de este último párrafo véase: Marius Schneider, «El significado de la música».

NOTAS AL CAPÍTULO IV

N 1. Para una exposición de los Entes, véase Proclo, «Elementos de Teología».

N 2. Arquita. Jámblico. Vita pitagorica. Cap. XXI. Laterza.

N 3. Jámblico. Vita pitagorica. Cap. XXIX. Laterza.

CAPÍTULO V

NUMEROLOGÍA

- *La unidad es lo indivisible que contiene todo en Sí mismo.*
- *La esencia de los números.*
- *Caos, Theos, Cosmos.*
- *Números cuadrados y números triangulares.*
- *El número 7.*
- *El número 5.*
- *Las escalas musicales y el orden armónico.*

Existe un centro de gravedad en el que podemos gravitar con el pensamiento, con el canto, hablando o actuando, incluso si este es completamente inaferrable para nosotros.
Entonces, la presencia y la fuerza de atracción de tal centro se acentúan con la periodicidad y la confianza con la que giramos alrededor.

Conquistaremos progresivamente nuestro centro personal solo si, como una baliza, oscilaremos y giraremos alrededor de ese punto medio inaferrable y no individual. La fortuna y la vocación del hombre no consisten en que él mismo sea el centro último, sino en poder girar confiadamente alrededor de otro centro llevando consigo el propio.

En cambio, quien pretende ser el centro absoluto de la realidad, pierde el propio ritmo y en consecuencia también el sentido de la existencia.

Marius Schneider: El Significado de la Música.

Hoy el único modo de incorporar en nosotros la enseñanza pitagórica es hacer que de alguna manera ella viva en sus principios esenciales, es comprender la apertura de conciencia que esta experiencia, por sí sola, nos puede provocar principalmente con respecto al sonido. La enseñanza concierne al Número como esencia, que nos permitirá comprender cómo surge toda una concepción del mundo y del hombre que es eminentemente musical y acústica. Ninguno de nosotros puede discutir la potencia del número y de la matemática. Tenemos una adoración tal por la exactitud de la matemática que todo aquello que el número dice y mantiene como ley lo debemos aceptar porque es científico. Digo esto porque más allá de todos los atributos está lo místico del número, no en el sentido de que se le atribuya algo místico, sino porque al observarlo se nota en su naturaleza una esencia tan profunda que sería poco atribuirle una sola potencia.

Recordemos que cualquier cosa que hacemos, cualquier cosa que investigamos sobre nuestra constitución y la del universo, siempre está regida no solo por el número, sino por los intervalos entre los números. Esto es válido para todos los campos de investigación, de la química a la física, la física nuclear, la música, la arquitectura, la medicina, para cada campo donde estén involucradas psiquis y materia. Tal es la universalidad del número que no solamente permea y penetra todo, sino que ni siquiera nos permite discutir mucho sobre la naturaleza del Uno, del Dos, del Tres, del Cuatro, del Cinco, Seis, Siete, Ocho, del Nueve, ni sobre el nuevo Ciclo que comienza con la Década. Todo esto nos puede conducir a una comprensión que va mucho más allá del saber si Pitágoras conocía o no el diez, si se usaban los decimales, si los números eran arábigos o griegos o si provenían de la India. Esta afanosa investigación tal vez también nos permita descubrir el lugar de origen de los números —interesante históricamente porque nos sirve para comprender las grandes líneas de expansión de una idea— pero no nos ayudará a descubrir su significado al final de la experiencia. Es como si estableciéramos una relación con una persona sobre la base del lugar de origen. No importa de dónde viene, importa la persona y la relación que establezco con ella. Al conocer su proveniencia comprendo un poco más de su vida, pero no por esto la conozco más. Así sucede con el número.

No voy a comprender más de la naturaleza de los números por saber que han venido de la India o que el cero era conocido por los indios, el decimal por los árabes y así sucesivamente. Hemos visto, en cambio, que puede existir la posibilidad de hacer que este tipo de conocimiento resuene en nosotros, cosa muy distinta de discutir sobre sus vicisitudes exteriores, permaneciendo siempre apartado como un observador en búsqueda permanente de algún dato adicional para almacenar en el cerebro. Si hiciéramos lo mismo con el número y con la visión musical y esencial del mundo, perderíamos la mayor parte del contenido de la enseñanza. Es como si de una enseñanza hubiéramos tomado la corteza desechando todo lo que hay adentro. Normalmente de un fruto se elimina la cáscara, si bien no siempre se debería hacerlo, y se come la parte interna. Si hiciéramos lo mismo con la parte más universal de la enseñanza pitagórica, como con cualquier otra enseñanza, aprovecharíamos verdaderamente la parte interna del fruto. Y si la cáscara no es tan dura como para no poderla masticar y digerir, podemos también comerla; no será un problema comer una manzana con todo aquello que contiene. De la misma manera, todo puede ser vivido y aceptado. Todo esto se presentaba a la atención de quien iniciaba la escuela pitagórica, porque la escucha no significaba estar frente a la enseñanza simplemente para presenciarla, aunque la curiosidad es un incentivo, un estímulo hacia algo más profundo. Quedarse mirando qué hacían los demás no era una costumbre pitagórica.

Pitágoras, como resonador, trataba de encontrar la «simpatía» existente entre el propio resonar y el de la Música de las esferas. Comprendía que no existía ningún ser que no pudiera resonar, no con él como Pitágoras o con la escuela, sino con el principio que él llevaba. Un principio es resonante en cualquier forma de existencia en la que se encuentre. Nosotros también somos número, y cuando Pitágoras decía que el hombre es la medida de todas las cosas, que todo es creado en proporción y en justa medida, y que cada uno de nosotros tiene una característica vibratoria, se refería a una formulación científica —con todo lo que significa ciencia, o sea en sentido global y no descartando aspecto alguno— de aquello que hoy, superficialmente, llamamos armonía. La idea de la armonía universal no era un anhelo pseudomístico, tanto en el pitagorismo como en todos los místicos de la antigüedad, sino una perfecta conciencia de la justa ubicación de cada cosa en un flujo y movimiento constantes. Nada se concibe como quietud, todo es flujo.

La unidad es lo indivisible que contiene todo en sí mismo

Cuando en el antiguo Egipto y en la antigua India, antes incluso de Pitágoras, se hacía referencia a una esencia primordial, era porque se la veía como un punto. Se consideraba que este punto vibrante tenía un flujo de vida. Cualquier principio pulsa con vida, de lo contrario no sería tal, y aún más el Principio de todos los seres que están apoyados sobre un aparente Caos primordial, sobre aquello que aún no está diferenciado. Cuando comienza, ese inicio es relativo a una parte subyacente no diferenciada. Eso está simbolizado en cada tradición, y claramente también en el pitagorismo, donde se supone un Círculo –no como límite del universo– cuyo Centro representa el conjunto de todas las energías aún no diferenciadas. Este Centro o Punto llamado Flujo, no se puede medir y es el principio del que todo tiene origen. Se lo llama Mónada, o sea la Unidad indiferenciada. Las características atribuidas al Uno por los pitagóricos y por todo el mundo antiguo son fruto de la meditación, entendiéndola como lo que surge al ponerse en relación con la idea del Uno.

Profundicemos entonces el tema fundamental de la Numerología.

«Unidad.
La correspondencia musical es con la nota generadora de los tonos, que presupone el silencio; la correspondencia geométrica es el punto, que presupone el vacío; en la mística occidental la condición de la unidad, o sea de la primera causa, o sea la causa no

causante se denomina superesencialidad, en la Cábala se denomina «ayn», el nombre más secreto de Dios: nada.

Los pitagóricos llamaban a la unidad «ausencia de oposición» y agregaban: «el todo es uno». Esta se representa como andrógino o huevo (la comida pitagórica comenzaba con el huevo y terminaba con la fruta). Regreso al uno, matriz de cada cosa, es definición del misticismo. Los sabios indios, interrogados por Alejandro acerca de cuál era anterior, si el día o la noche, respondieron: «un día».

El uno se puede considerar en sí mismo, en cuanto generador de la serie de números, en cuanto relación entre sí mismo y el generar. La correspondencia musical es con la nota generadora en sí misma y su capacidad generadora. La Cábala identifica esta tríada en la forma de la letra «alef». San Agustín define la Trinidad: «In Patre est unitas, in Filio aequalitas, in Spiritu Sancto aequalitas unitatisque concordia». El sacrificio de la unidad genera la multiplicidad de las oposiciones, el sacrificio de la oposición reconduce a la unidad. El alma es bienaventurada cuando toca la (su) unidad, o sea unicidad que es la 'fine fleur', el ápice, la 'pointe', aquello que constituye su singularidad. Pero se conoce a sí misma recién cuando dice a Dios: «eres», según el ritual délfico que se obtiene de Plutarco (N 1). En Jalaluddin Rumi (N 2) se dice sobre el regreso al uno: «Un hombre llamó a la puerta del amigo. «¿Quién está ahí? Yo. No hay lugar para dos». El hombre regresó luego de un año de soledad: «¿Quién está ahí? ¡Tú oh Amado! Dado que soy yo, que yo entre. No hay sitio para dos yos en una misma casa» (C 1).

El núcleo inconfundible, irrepetible del individuo es también lo divino en él, Su destino específico es también su contacto con lo universal, donde el máximo y el mínimo se convierten uno en el otro porque ambos son una unidad; lo absolutamente espontáneo es absolutamente normativo, siempre que «espontáneo» se entienda como aquello que está luego de que se ha destruido la opinión, o sea cada huella de conveniencia y 'persona' (C 2). Dice Chuang Tse: «En el gran principio de todas las cosas estaba el sin forma, el ser imperceptible, no había ningún ser sensible y por lo tanto ningún nombre. El primer ser que fue, fue el uno. Se llamó norma la virtud emanada por el uno que creó todos los seres. Multiplicándose infinitamente en sus productos, esta virtud participada se llama en cada uno de ellos su parte, porción, destino. En el ser que nace ciertas líneas especifican su naturaleza corpórea. En esta es el principio vital. Cada ser tiene su modo de actuar que es su propia naturaleza. Es así que los seres derivan del principio» (N 3).

'Divide por 1 y queda 1, multiplícalo por sí mismo y permanece invariable, por lo tanto bien representa al Padre de todo, lo inmutable. Pero es de naturaleza dual y forma un nexo entre negativo y positivo. En su inmutable unidad casi no es un número, pero por su adicionalidad se puede considerar el primero de una serie de números. Ahora bien, el cero es incapaz de adicionar, como lo es la existencia negativa («Ayn»). Y por lo tanto, ¿cómo es que si el uno no puede ser multiplicado ni dividido, se obtiene otro 1 para agregarle?, o sea: ¿cómo se hace para encontrar el 2? A través de su reflexión, ¿por qué, si bien incapaz de definición el 1 es definible, y el efecto de una definición es la formación de un doble o una imagen de la cosa definida? Así obtenemos una díada formada por el uno y su reflexión, y así se inicia una vibración, porque el uno vibra de la inmutabilidad a la definición, y viceversa'. Pero después de nueve adiciones, nueve números, se regresa al uno para formar el diez, por eso el nueve contiene el misterio del uno que no tiene imagen, y el 10 repite los misterios del uno que se refleja o produce emanaciones» (N 4).

¿Qué podemos extraer de este modo sintético de expresar algunos hechos? Lo primero es que nosotros no podemos dividir una unidad porque si la dividimos nos queda de todos modos una unidad. De hecho, cuando dividimos la cuerda en dos —y acá interviene el monocordio de Pitágoras—, o sea pulsamos en su punto central, obtenemos otro sonido que resulta ser su primer armónico. Si el sonido de base de la cuerda es un Do –puede ser cualquier otro– lo que obtenemos como siguiente, dividiendo la cuerda en dos, es otro Do, pero en una octava superior. Lo que es muy importante y que debe quedar bien claro es que la cuerda no se divide en dos partes como si estuvieran separadas, porque es la unidad que se subdivide proporcionalmente según el sitio donde se pulsa la cuerda, que de todos modos se mantiene siempre una y única. Una sola cuerda refleja todas las Proporciones universales, no se necesitan diez cuerdas para reflejarlas. Con una cuerda se obtienen todas las posibilidades numéricas, proporcionales, sonoras. Es conveniente repetir que si se pulsa la cuerda por la mitad y se la subdivide en dos partes iguales, se obtiene un sonido que está en relación de octavas: si el sonido de base es un Do, se obtiene otro Do que es la primera octava superior del sonido de base. Si se retira la presión de la cuerda, se vuelve a obtener su sonido de base, vibrante y libre.

Todo esto quiere decir que las proporciones internas siempre las establezco dentro de la unidad. Eso lleva automáticamente a la consideración sucesiva que luego se tratará de demostrar: no es lícito considerar el *Dos* como representación de cosas separadas. Para el pitagórico, y para toda la antigüedad, el *Dos* no son dos cosas sino dos partes del *Uno*. Y el *Tres* es tres partes del *Uno*. El *Cuatro* es cuatro partes del *Uno*, y así hasta el infinito. En otras palabras, el *Uno* tiene en Sí mismo cualquier unidad, tiene en Sí mismo infinitas posibilidades proporcionales, del *Uno* surgen infinitos mundos, infinitas formas, al ser el *Uno* el único Ente que origina a todos los otros entes.

El principio de las Proporciones universales demostrado por Pitágoras en la cuerda se establece para cada medida, porque si en la cuerda está la posibilidad de obtener vibraciones diferentes, y por ende ver cómo se comporta vibratoriamente un cuerpo escuchando sus vibraciones, lo mismo sucede con los diferentes tipos de objetos que se dividen proporcional e internamente.

A partir de la unidad, entonces, nos encontramos de inmediato en la idea de la Dualidad y por ende de la Trinidad, pero como aspectos son uno diferente del otro. Si multiplicamos o dividimos la unidad por sí misma, seguimos obteniendo la unidad: en efecto, $1 \times 1 = 1$ y $1 : 1 = 1$. Esto es fundamental porque es la demostración científica, matemática, de que *dividiendo la unidad por sí misma no obtenemos divisiones, no obtenemos partes, sino que subsiste siempre la unidad*. En cambio sumando y restando la unidad a sí misma, encontramos el dos y el cero: $1 + 1 = 2$ y $1 - 1 = 0$. ¿Pero qué quiere decir suma? O sea, ¿qué quiere decir agregar a la unidad? ¡Es el Uno que se agrega a Sí mismo! Para el pitagórico la suma no será otra cosa que el Uno que se agrega constantemente a Sí mismo, y el Uno que divide, también, a Sí mismo, que se «refleja» a Sí mismo. Esto ha sido demostrado en la cuerda: el dos se encuentra cuando se divide la cuerda. Tampoco la división del imán deja dudas al respecto. Nosotros decimos que 1 + 1 = 2. Es verdad, pero este 2 está implícito en la unidad, y si yo subdivido la cuerda hasta el infinito, me sucederá siempre lo mismo: el uno agregado al dos da el tres, tres partes de la cuerda; entonces, cuatro, cinco, etc., serán todas subdivisiones de la misma cuerda.

La demostración de que *subdividir no es separar* nos concierne a todos directamente. Si tenemos la cuerda A B considerada como una unidad y dos puntos a b que la subdividen en tres partes:

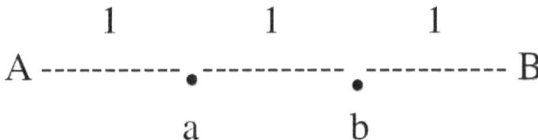

estas tres partes están conformadas por tres elementos, pero su único sustrato es la cuerda AB. Por ende, estos tres elementos no son más que tres partes del uno. Cualquiera sean las subdivisiones de la cuerda, son subdivisiones constantes en la unidad.

Por eso cuando todos los filósofos de la antigüedad se preguntan de dónde nace el dos, de dónde nace la dualidad, no lo hacen pensando en la dualidad como si se tratara de dos cosas diferentes y contrapuestas, porque para ellos la dualidad está implícita en el Uno. En un imán hay dos polos, polo norte y polo sur, y si cortamos diez mil veces este imán tendremos siempre un polo norte y un polo sur para cada división del imán: no tenemos un trozo de imán con un polo norte y otro con un polo sur, sino que en cada una de estas unidades magnéticas vemos la unidad. Por otra parte, no podría haber una unidad sin estos dos polos que nosotros denominamos positivo y negativo, porque el sustrato es único.

La esencia de los números

Los pitagóricos observan que la naturaleza del Uno genera de sí lo Par y lo Impar, y de ello deducen que todo el universo está guiado por lo Par y lo Impar, y que el Dos no es la suma de dos unidades sino algo que emana de la Mónada, que contiene todos los números, dado que es Flujo en movimiento. Y nunca se considera al número como una entidad fija, y se entiende que la línea está siempre formada por el punto mismo, no por la suma de muchos puntos. La matemática no habla de puntos unidos, sino de un punto que se extiende. Esta idea pitagórica estaba cargada de significados y presuponía el concepto de que el punto, como número, genera en su flujo todos los números que conocemos. El flujo de un punto en el espacio genera una línea y al mismo tiempo todos los números, aquellos que los pitagóricos llaman «geométricos» porque indican la estrecha relación que existe entre un número y una forma. El Uno será también llamado Parimpar porque contiene la naturaleza del par y la del impar, es el único capaz de generar una línea que es par e impar a la vez, y fuente de todas las dualidades existentes en cada campo.

La raíz de un número es un número que no es posible dividir, pero del que se debe extraer esa semilla que nos brinda la naturaleza de su esencia interior. Del concepto de raíz surgirá todo el conocimiento de la Sección Áurea, enseñanza que parece haber sido la más secreta en la escuela pitagórica, el máximo de conocimiento posible de alcanzar. La Sección Áurea, de la que hoy tenemos un conocimiento parcial, era un medio para la comprensión y la consecución de la armonía global del ser, y no solo una medida a buscar en un objeto, en un monumento o en un animal: ¡se tendía a llegar a ser Número Áureo!

Volviendo a la consideración de la raíz, uno de los mayores problemas es la raíz del 2, como también la del 5. El 2 y el 5 están en estrecha relación: el 2 y el 3 —par e impar— forman el hombre perfecto representado por el 5. Entonces en la raíz del 5 encontraremos parte del conocimiento de la Sección Áurea, o sea del canon de las proporciones que, para profundizarlo, requeriría un curso de alta especialización donde se realice el estudio de la matemática no solo en relación con el número, sino sobre todo con el sonido.

Esto que hemos dicho concierne al Número, el *Nous*, o sea el Soplo, el Espíritu, el Ente como vida. Eso equivale a decir Raíz, causa de los fenómenos que son la expresión del *Nous*, del Ente. Todos los fenómenos, también los físicos, son expresión de una Causa, todos los fenómenos tienen una Causa. Nada es sin causa, solo el Uno es llamado Causa sin Causa, y la razón, acá, puede alcanzar otro nivel (N 5) sin que se pierda.

Cuando decimos «Causa sin Causa» es lo mismo que decir la primera Causa de todas las cosas, la primera Causa que genera todos los efectos, y esta Causa no es generada por otro. Esta es la idea del Uno como Entidad, del Uno que no es generado por nada y que emana del Cero, 0, que no es otra cosa que el Sustrato donde vibra el Uno. Para el pitagórico el Cero, 0, no es un número, para él los números van del 1 al 9.

Tomemos por ejemplo el número 432. Para el pitagórico será 432, pero al mismo tiempo la esencia del 432 es el 9 porque 4 + 3 + 2 = 9. Otro ejemplo, el número 1934: acá tenemos 1 + 9 + 3 + 4 = 17 = 8. Y así, para cualquier suma, el número esencial será del 1 al 9. El 9 se impone por doquier. Hay leyes específicas, leyes internas a los números, que dicen que el 9 determina muchas cosas porque se presenta siempre como nuevo generador, o sea, se presenta como uno de los procesos del Uno.

Seguimos diciendo que todo está constantemente permeado por la unidad. No hay cuatro mil entes, hay entes dentro del Ente, esferas más pequeñas dentro de la Esfera. Una esfera que se autolimita tiene su propia identidad vital, pero esto no significa que no esté incluida en otras esferas. En otras palabras, para la esfera pequeña es una realidad hablar de «yo» diciendo que es una unidad, pero hay otras esferas que a su vez están incluidas en una única Esfera. Al fin y al cabo, lo que cuenta es precisamente esto, el hecho de las esferas interpenetradas, compenetradas. Nuestro limite, esto es obvio, será el límite impuesto por aquella esfera en particular, y si hay un límite entre dos de ellas no significa que estén separadas. De la misma manera no podemos decir que los límites geográficos marcan la separación entre dos realidades diferentes, entre dos continentes, entre dos países. La separación la tenemos solo si estamos de acuerdo con nuestro criterio usual muy centrado en el yo, para el cual, por ejemplo, el agua divide dos continentes. ¿Por qué los divide? El agua los une, también. ¿Por qué las fronteras deben dividir dos países? También los unen. El puente divide una isla de otra ...¿por qué «divide»? ¡Las une! Esto significa que si dos esferas son diferentes, de todos modos están incorporadas en una única Esfera, pueden tener y tienen características diferentes, pero están siempre dentro de la única Esfera.

Todo esto Pitágoras lo ha visto en las relaciones internas de la cuerda.

Caos, Theos, Cosmos

Profundicemos:
Si tenemos el cero 0 y la cuerda AB es el Uno (la cuerda AB es la vibración del punto central C que se manifiesta), y este punto central C no vibra, el 0 existe siempre. O sea, si la vida AB, que no es sino nuestra cuerda, no está presente, el 0, como sustrato, de todos modos existe siempre. De aquí que el Uno puede ser sustraído, si bien en realidad no se trata de sustracción sino de asimilación al 0. Esto hacía decir a los griegos que existe el Caos, existe el Theos y existe el Cosmos. Sin embargo el Caos no es el caos como lo entendemos nosotros, el Caos son todas las energías en estado potencial. El Caos se representaba con un círculo que luego decimos que es el Cero, un Círculo que no contiene nada. La primera vibración inicia cuando comienza a aparecer el primer

Punto en el Círculo; en ese momento se habla de Theos, porque Theos quiere decir movimiento, nada más. Cuando este Punto vibra en todas las direcciones del espacio, nace el Cosmos.

El Caos —caos para la razón analítica— es el origen de la Semilla y su florecimiento forma el Cosmos.

Resumiendo, tenemos:

$$CAOS = Sustrato\ (C\ 3)$$
$$THEOS = Semilla$$
$$COSMOS = Desarrollo\ total\ de\ la\ Semilla$$

Lo que se entiende por desarrollo total de la Semilla lo dejamos a la intuición del lector.

Alguien puede decir que el Uno es la manifestación del Cero, pero no es correcto. Tampoco es correcto desde el punto de vista racional, porque la manifestación se produce con las potencialidades de la Semilla. La Semilla en sí no es una manifestación, la manifestación es aquello que se desarrolla a partir de ella. La parte más misteriosa de toda la existencia sucede entre Caos y Theos. Es justamente en este punto donde se hace la eterna pregunta, ¿el Uno se ha manifestado? El punto, en todo caso, concierne a la Trinidad, concierne a todas las trinidades. Antes, para que se comprenda, hemos puesto en orden sucesivo a Caos, Theos y Cosmos, pero en realidad el Uno está presente al mismo tiempo en el Sustrato, en la Semilla y en el desarrollo total de esta. Por lo cual no podemos separar el Caos del Theos y este del Cosmos, como quisiéramos, dado que la mente es causa de separación. Por ejemplo, preguntamos «¿por qué no es todo Caos?». La pregunta no debe ser planteada en estos términos, porque en cada manifestación del Cosmos están implícitos Theos y Caos. Son como estratos en vibración constante.

El brahmanismo llama a este proceso «Los Días y las Noches de Brahma», que es una forma poética de decir «eternidad»: las Respiraciones, las Espiraciones y las Inspiraciones de Brahma, o sea de Theos. En cada Espiración de Theos, o sea en cada desarrollo Suyo, nacen una cantidad de mundos que luego son inspirados nuevamente. En un proceso de pulsión los mundos tienen nacimiento y fin para manifestarse continuamente en formas cada vez más perfectas. En lo grande y lo pequeño, tanto en el sistema solar como en el átomo, existe este constante progreso que es *progreso de la unidad*.

En este punto es evidente la no exactitud de los procesos sucesivos, y si esto se explica por orden sucesivo es por un motivo didáctico y pedagógico, para que podamos comprender, dada nuestra limitación, una realidad que no está separada. Somos nosotros quienes, para comprender, la debemos concebir como separada al igual que muchas otras que concebimos de esta manera, pero no porque lo sean realmente. Este proceso no es sucesivo, dado que si verdaderamente esto ocurre más allá del tiempo y del espacio, lo sucesivo ocurre en el tiempo y el espacio. Los pasos son del tiempo, pero al ir más allá del tiempo y el espacio, todas las dimensiones de la existencia son siempre «concordes», en otras palabras, son simultáneas.

El Cero es el Sustrato eterno de las cosas, es como decir el silencio, el sonido, los sonidos.

Esta es una descomposición para comprender las funciones, pero no porque sean potencialidades diferentes. Es como en un árbol, donde flores, frutos y raíces son partes de una única semilla. Las raíces no se pueden arrancar y separar del sustrato y de la semilla. Se habla de momentos creativos diferentes porque nuestra mente es adecuada al tiempo y al espacio, pero el tiempo y el espacio existen solo relativamente. Einstein, Planck y todos aquellos que se ocuparon de estos problemas han dicho que lo relativo tiene sentido solo si se pone en relación con un absoluto. En efecto, ¿relativo a quién, a qué cosa? Debe existir lo relativo, pero en relación con un sustrato único. Entre otras cosas, esta es la Teoría de la Relatividad (C 4).

Esto concierne al tiempo ¿pero dónde comienza a manifestarse realmente el tiempo? ¡En el Cosmos! Porque se dice que tiempo y espacio son inescindibles, no se pueden separar. Incluso se podría decir que el espacio nace del tiempo y el tiempo del espacio. Estos son hechos muy simples, no es necesario recurrir a filosofías muy complejas. No es difícil concebir que mientras hay desplazamiento en el espacio se está marcando el tiempo, mientras que el transcurrir del tiempo, el ritmo del tiempo, crea espacio. ¿Cuál es, en este punto, la línea de demarcación entre espacio y tiempo? En realidad forman una tal unidad que no se pueden escindir. Acá está toda la filosofía de Einstein, que juega matemáticamente con estas capacidades tiempo-espaciales de un modo excelso. Al mismo tiempo suceden fenómenos que van más allá de la razón porque en un determinado momento ya no se logran seguir los procesos dado que tiempo y espacio se aceleran y las medidas normales cambian y pasan a formar parte de otras leyes.

Todo este proceso se produce en el Cosmos y en la Mente Universal. Todo está concentrado, todo está sintetizado en el Punto que, vibrando, crea la línea y las formas. Cuando el Punto ya no vibra, lo que fue desplegado en el tiempo regresa al principio. El mismo proceso se produce en nosotros si imaginamos que somos un punto en el espacio: cuanto más vibramos, más se crean líneas de recorrido, pero en realidad es solo un punto que vibra.

Que la línea sea una sucesión de puntos, como si estuviera compuesta por muchos puntos uno al lado del otro, es un concepto de la mente racional. Pero esto no puede ser verdadero, dado que procesos mucho más inteligentes nos demuestran que es el punto que vibra y que extiende una línea, como consecuencia de la vibración. Esto significa, ampliando el proceso, que existe un Punto en vibración constante, un Punto cósmico, que extiende todas las líneas posibles y crea todo aquello que desea y puede. Este Punto es Theos. En India se dice que Brahma, el Theos, es más pequeño que un punto para decir que es el más pequeño de todos los átomos, y por esto vibra manifestando todo. A la pregunta de dónde se encuentra, si en el centro o en la periferia, los hindúes responden que se encuentra simultáneamente en el centro y en la periferia, dado que la vibración es única. Si se objeta que el punto que vibra debe ser central para poder irradiar en el espacio, se puede responder que este es otro error mental porque donde hay un sol hay un punto, y cada uno de nosotros es un sol: un punto que vibra e irradia.

Números cuadrados y números triangulares

Por lo antes mencionado la Tetraktys ha sido representada con puntos y Pitágoras la utilizó pedagógicamente para hacer comprender los números como sistema de puntos. Para Pitágoras el número, por ende el punto, es un ente, una entidad viva, vibrante, que caracteriza a aquello que desea expresar. Para Pitágoras el número, por ende el punto, no es algo fijo. Por ejemplo, para expresar el tres se utiliza el símbolo:

•

• •

mientras que para expresar el 4 el símbolo es:

• •

• •

Si se siguen las leyes de los números, se observa que existen números cuadrados y números triangulares, y cada uno sigue una propia ley determinada. Detengámonos un momento en los números cuadrados, que se llaman de esa manera porque siguen un ordenamiento vibratorio cuyo esquema es por cuadrados. Veamos cuáles son los números cuadrados:

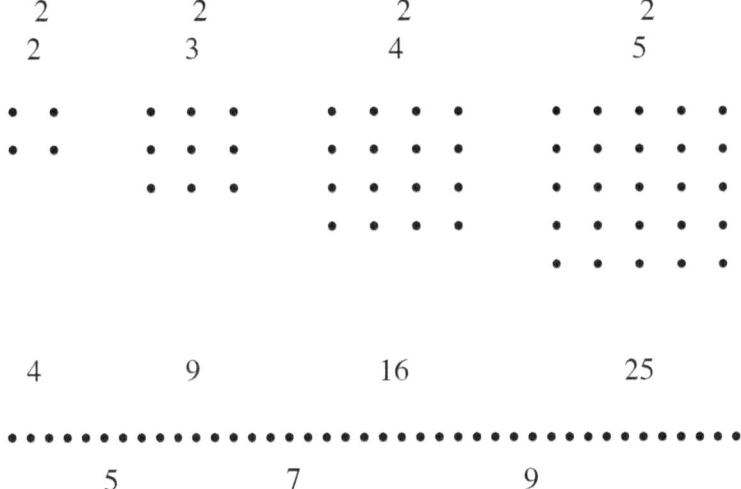

etcétera.

Aparte de la progresión numérica cuadrada, en el esquema se puede advertir que existen otras progresiones numéricas:

$4 + 5 = 9, 9 + 7 = 16, 16 + 9 = 25, 25 + 11 = 36 \,(6^2), 36 + 13 = 49 \,(7^2), 49 + 15 = 64 \,(8^2),$
etcétera.

Con esta progresión podemos encontrar todos los números cuadrados que deseemos.

En cambio, para los números triangulares tenemos:

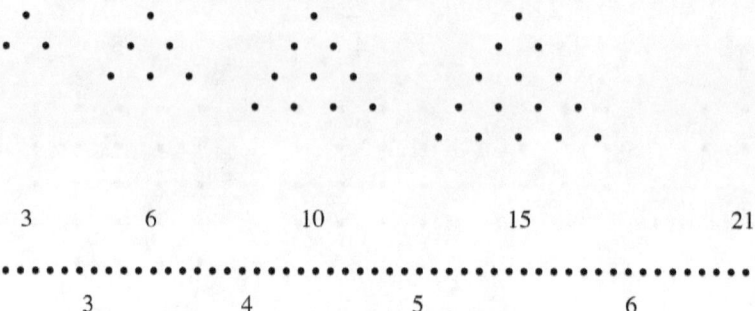

etcétera.

De acuerdo con esta ley ya podemos decir cuál será el próximo número triangular: el 28, porque 21 + 7 = 28; inmediatamente después el 36, porque 28 + 8 = 36; y así sucesivamente. Vemos entonces que los números cuadrados avanzan de a dos, mientras que los números triangulares avanzan de a uno, porque todo sigue la proporción del 2 al 1, o sea las relaciones de octavas. Acá se habla de sonido, de música, y por esto se afirma que los sonidos son números.

Observemos ahora qué nos dice Porfirio respecto a los números:

«Por consiguiente, de las ciencias matemáticas y las concernientes a los objetos colocados casi en el límite entre el espíritu y la materia (como si tuvieran las tres dimensiones de los cuerpos, pero sin resistencia como los espíritus), se valía como preludio para familiarizar los ojos del alma en el pasaje de la contemplación de las cosas materiales, que no permanecen ni por un instante en la misma condición y esencia, a aquella de las cosas verdaderamente existentes; conduciendo con artificioso adiestramiento al deseo de aquellos alimentos mediante los cuales elevaba las mentes a la contemplación de las cosas verdaderamente y las hacía sublimes. A tal fin adoptó los ejercicios matemáticos.

La teoría de los números, como asegura, entre otros, Moderato de Cádiz (N 6), que con mucho conocimiento reúne en once libros las lecciones pitagóricas, fue cultivada por ellos por el siguiente motivo. Al no poder, dice, expresar claramente en palabras las primeras ideas y los primeros principios, a causa de la dificultad de concebirlos y de expresarlos, se refugiaron en los números por su simpleza de exposición, imitando de ese modo a los geómetras y a los maestros de letras. Porque como estos, al disponerse a enseñar el valor de los elementos y elementos en sí, recurrieron a los caracteres del alfabeto, diciendo, para dar una primera idea, que estos son los elementos, y solo a continuación explican que estos signos no son los primeros elementos, sino simplemente indicios de los elementos verdaderos; y también los geómetras, al no poder representar con palabras las cosas espirituales, se conforman con delinear las formas, y dicen que, por ejemplo, esto es un triángulo,

•

• •

sin querer decir que este signo que se ve es un triángulo sino que el triángulo tiene tal forma, y así representan el concepto de triángulo; lo mismo hicieron los pitagóricos en lo que respecta a los primeros principios e ideas: como no podían expresar con palabras las formas espirituales y los primeros principios, recurrieron a la demostración por medio de los números Y así, llamaron «uno» el concepto de unidad, identidad, igualdad, y la causa de la síntesis de armonía, simpatía y conservación del universo, que siempre tiene la misma forma y esencia, mientras el Uno, que lo es en las partes, unido y de acuerdo con ellas, por participación en la causa primera. Y el concepto de la diversidad y la desigualdad, y de todo lo divisible y cambiante y de formas variables, lo llamaron concepto «biforme» y «díada»; porque, también en los detalles, tal es la naturaleza de la díada (C 5). Ni estas nociones son propias de estos filósofos y desconocidas a los demás; es posible ver que otros filósofos han transmitido la teoría de ciertas fuerzas que unifican y disgregan el universo, y en ellos también aparecen algunos conceptos de identidad, desigualdad y diversidad. Estos son entonces los conceptos que, para mayor facilidad expositiva, los pitagóricos indican con el nombre de mónada y díada. Para ellos es lo mismo decir doble, desigual o diverso.

Lo mismo se diga para los demás números, cada uno de ellos indica ciertas nociones especiales. Así, existe en la naturaleza algo que tiene principio, medio y fin, y para indicar tal forma y tal naturaleza destinaron el número tres. Por ello, también dicen que es triple todo lo que tiene un medio (y de este modo también denominaron a todo lo que es finito), y si hay algo finito, dicen que deriva de ese principio y se conforma a él: principio que, al no poder calificarlo de otra manera, designaron con el nombre de tríada; y, al querer iniciarnos en su conocimiento, lo hicieron de esta forma. Y lo mismo se debe decir para los demás números. Estos son, en efecto, los principios a los que fueron destinados los números de que hablamos.

Los siguientes números se vinculan a una única idea y forma, a la que llamaron «Década», que significa comprensión, por ello, también, afirmaban que el diez es un número perfecto, es más, el más perfecto de todos, porque reúne en sí toda diferencia de número y toda especie lógica y analogía. Y en verdad si la naturaleza del universo se define mediante especie y analogía de números, y todo aquello que nace y crece y llega al final procede según conceptos numéricos, si por otra parte la década comprende toda noción o especie y analogía numérica, ¿por qué no debería llamarse perfecto el número diez?

Tal era la teoría aritmética de los pitagóricos. Por ella, que fue la primera filosofía, sucedió posteriormente que la verdadera filosofía pitagórica se apagó. En primer lugar por haber decaído en enigmas; después porque las disquisiciones de estos filósofos estaban escritas en dórico, que resulta algo oscuro, por lo cual las lecciones transmitidas ya no eran comprendidas» (N 7).

De estos pasajes de Porfirio comprendemos que la Enseñanza era tan esencial que no podía ser explicada en profundidad. La única posibilidad que tenemos de penetrarla consiste en meditar sobre los principios de estos números. (Así vemos por ejemplo que un número multiplicado por sí mismo más ½, da un número triangular. Con esta fórmula se obtienen todos los números triangulares.) La periodicidad se relaciona con el orden de sucesión de los números, que tienen un ritmo interno. Vemos que entre el 3 y el 6 está el 3, entre el 6 y el 10 está el 4; por ende el próximo número triangular será el 15, luego el 21, el 28, el 36, el 45, etc. En esta serie se observa una ley interna del número que avanza en la triangularidad, o sea en sus intervalos triangulares y en su periodicidad a escala: 3, 6, 10, 15, 21 y así sucesivamente. Si los representamos con puntos se obtienen todos los tipos de números triangulares. El número es el flujo de un punto y cada número está representado por un punto o una serie de puntos. No solo esto, sino que, como sostenían los pitagóricos, la representación consciente de un número produce una forma diferente de la que realiza inconscientemente. Por ejemplo, el 3 se puede representar así: «...», o bien, conscientemente, así:

.

. .

Si represento inconscientemente el 4, lo hago de esta manera: «....», mientras que conscientemente:

. .

. .

Digo «conscientemente» porque en los intervalos del segundo ejemplo de la serie encuentro un arquetipo que no puedo tener en los intervalos lineales del primer ejemplo de la serie. Análogamente, la representación inconsciente del 5 será «.....», mientras que la consciente puede asumir diferentes formas, como por ejemplo:

. .
 .
. .

o bien una estrella, etc. Pero son puntos y lo que yo veo es una forma. Para la conciencia los puntos vibran y crean la figura, para la inconciencia los puntos son planos (C 6).

Resumamos brevemente lo expuesto hasta ahora. Hemos dicho que el número es un ente que se manifiesta geométricamente, y hemos visto cuáles son los números cuadrados y cuáles los triangulares. La primera figura será un triángulo representado por el 3, porque con el 2, con dos puntos, ..., no se obtiene una figura geométrica. El primer número triangular es el 3, mientras que el primer número cuadrado es el 4, y hemos visto de qué manera ambos se presentan geométricamente. Además hemos visto que el segundo número cuadrado es el 9, luego el 16, el 25, el 36, el 49 y así sucesivamente. Entre los números cuadrados, además, se crea una progresión ulterior de dos, o sea 5, 7, 9, 11, 13, 15, etcétera. Todo esto se puede comprender fácilmente del diagrama. En cambio, para los números triangulares las distancias entre un número y el otro siguen una progresión unitaria: 3, 4, 5, 6, etcétera. Si se debe sintetizar el todo, no se ven más que relaciones existentes entre el 2 y el 1, o sea 2/1 = 8, es decir relaciones de octavas. A este punto regresamos a nuestro primer discurso, porque la división en dos del Uno me brinda el próximo sonido superior, el próximo Do que se encuentra a ocho sonidos de distancia.

Todas las relaciones musicales son relaciones entre la progresión de los números geométricos triangulares y cuadrados. Los números triangulares se expresan mediante la fórmula:

$$\frac{n(n+1)}{2}$$

Veamos un ejemplo. Para el 4 veo que:

$$\frac{4(4+1)}{2} = 10$$

El 10 es un número triangular. Veamos para el 9:

$$\frac{9(9+1)}{2} = 45$$

El 45 es un número triangular. De este modo puedo encontrar todos los números triangulares que desee. Los números triangulares y los números cuadrados jamás pueden coincidir.

El número 7

El número 7 tiene una particularidad: incluye tanto el triángulo como el cuadrado.

Puede ser interesante detenernos en las características de algunos otros números. Por ejemplo, veamos el 4. Puede parecer extraño que en el 4 se haya visto la perfección de la forma, universalmente expresada, concepción extendida luego al cuadrado, considerado en si mismo exclusivamente como base sobre la cual se expanden todas las cosas. De este surgen las cuatro direcciones del espacio, que contienen en sí otras tres direcciones: zenith, nadir, centro. Por ende es un 4 que incluye un 7 y que representa la forma, el diagrama simbólico sobre el que nacen todas las cosas (N 8). También en los cimientos de una construcción la primera piedra siempre es cuadrangular. La base cuadrada tiene relación con todos los ángulos del espacio y, según algunos, incluso con la división de la ciudad en barrios (en italiano *quartieri*). El 4, entonces, no se observa necesariamente como número negativo que implica un sentido de limitación, sino como número que contiene en sí todos los aspectos de la creación.

Por este motivo la Tétrada será tan importante porque, además de lo que ya se ha dicho, es el 3 en el 4, o el 4 en el 3, pero es también la integración, o sea el septenario. Está el triángulo, pero también el cuadrado y por ende hay una relación muy estrecha entre la Tetraktys y la pirámide vista como principio y como idea. En la pirámide tenemos el triángulo y la base cuadrada, los cuatro lados, con todos los significados que están incluidos como principios, como números que vibran (C 7).

Entonces en el triángulo y en el cuadrado tenemos el 7, el 3 y el 4. Es también en consideración a esto que los pitagóricos dirán que el 4 es sagrado (C 8). Al mismo tiempo hemos visto que la Tétrada es un número triangular, el 10: la Tetraktys, que es el 10, no es un cuadrado. Se la llama Tétrada porque hay cuatro planos diferentes. Los pitagóricos nos dicen que el 3 vive y coexiste en el 4, y por esto el número 7 es sagrado. El 7 es la coexistencia de todos los principios, es la unidad cósmica que se manifiesta septenariamente. Los siete sonidos, los siete colores y todos los demás septenarios son manifestaciones de estos principios, y los tres dan siempre origen a los cuatro. El 7 ha sido expresado como en la figura: el triángulo origina el cuadrado. La Tetraktys es 4, y es 10. Todo esto es sumamente importante porque los números se expresan como puntos vibrantes (C 9).

Es interesante notar que en la cábala se encuentra un concepto análogo al pitagórico del 10. Entre otras cosas, se decía que Pitágoras había tomado de la Cábala la idea de lo que se conoce como los Principios, o los diez Sefirot, que están en relación estrecha con los diez puntos de la Tétrada pitagórica. También las Upanishad, en India, nos hablarán de nueve sonidos que se deberán atravesar antes de resumirlos todos en el «Trueno», el décimo. Muchas Upanishad hablan de la ascensión del ser humano pasando por nueve sonidos claramente distinguibles, algunos pertenecientes a instrumentos musicales, otros fonéticos, hasta reabsorberse en el décimo, en el «Trueno». Con el mismo término trueno se definían antiguamente los tonos musicales, llamados justamente «trueno primero», «trueno segundo», «trueno tercero», y así sucesivamente. Existe además en India una estrecha correspondencia entre la idea de la tonalidad, llamada «tanas» y la palabra «tono» que se refiere al mismo significado. El latín, al decir trueno y tono *(tuono y tono)*, se remite a la idea de tanas, que son los tonos de las escalas musicales sánscritas. Esto nos demuestra que no se trata de simples coincidencias casuales, sino de un conocimiento unitario de principios iguales considerados bajo diferentes puntos de vista. Quien se pusiera a examinar el Sepher Yetzirah, o «Libro de las Permutaciones», llamado «Libro de los Números», o el «Zohar», o «Libro de los Esplendores», pero sobre todo el primero, donde se habla de la Creación en clave numérica y de las letras en relación con los números, vería que se trata de una única tradición que va más allá de Pitágoras, más allá de la Cábala, más allá de la India, para llegar a una primordialidad de la que no es posible establecer un origen.

Pitágoras tuvo una función particular en cuanto a estos Principios: evitar que se refirieran a una única civilización, a un único lugar, a un solo pueblo. Ni siquiera la Cábala hubiera debido serlo con respecto al pueblo judío, dado que es la parte esencial del contenido del Antiguo testamento, sobre todo en lo que concierne al Libro de los Números. En el «Sepher Yetzirah» vemos toda la Creación por fases llamadas «permutaciones». Quien piense por un momento en la idea de la permutación, verá que tiene que ver con el flujo, porque no se trata solo de mutaciones automáticas de números, sino de su flujo armónico. Esto está estrechamente relacionado con Pitágoras, ya que el flujo armónico de los números genera lo que en la Cábala se denominan las «Tres Madres» y las «Siete dobles»; nos estamos refiriendo a las letras. En efecto, tenemos tres letras madres y siete dobles —que no son catorce sino, justamente, siete— y doce que generan. Observemos por lo tanto que no tenemos solo la Década, sino todas las permutaciones del tres al siete y al doce.

Los pitagóricos, como los cabalistas, partían del punto, que es el que forma las figuras, mientras entre los puntos están los intervalos. Los cabalistas, en vez del punto, usarán el símbolo de las letras aspiradas llamadas «jod», que son similares a la forma de una coma, y también formarán la Tétrada con los jod. También los jod son noúmeno, son Soplos, para dar una vez más la idea de la Creación mediante el Verbo, mediante los diez Soplos vitales. Los Sephiroth de la Cábala están en relación con cada uno de los diez Soplos vitales, que formarán un triángulo con cuatro planos, o sea una Tétrada, de la que provendrá el nombre Tetraktys.

Hagamos algunas consideraciones sobre el número 7.

$7 \times 7 = 49$. Cuarenta y nueve días después de Pascua se celebra el Pentecostés. Si al Sello, signo de la Mónada y de la Remisión —el 1— se suma 49, se obtiene 50, número del Jubileo. En la antigüedad, con Jubileo se expresaba la idea de la «jubilación». Esto puede parecernos extraño, pero en realidad el 50, después del 49, era el momento del reposo o de aquello que antiguamente, siempre en relación con el 7, se llamaba «año sabático». Es un año de pausa, de cambios. Esto entra en el ciclo del 7, era la idea del 7×7 que se mantenía. A los cincuenta años se produce un cambio, llega la Pascua, pero luego de cuarenta y nueve días está Pentecostés. Es interesante ver que en un caso se tiene la idea de la Resurrección, o sea el aspecto Hijo del cristianismo, para llegar luego de siete veces siete al tercer aspecto, el Espíritu Santo, que se manifiesta en las Lenguas de Fuego de Pentecostés. Todo esto tiene un contenido numérico y cíclico, donde el número ya no es visto como algo abstracto o mecánico sino como vida que fluye.

Si reflexionamos sobre la Mónada como Unidad, sobre el Número como flujo, se nos hará cada vez más claro. Comúnmente los números se consideran elementos fijos, pero en realidad están vinculados a nosotros como ritmos naturales de los que derivan las relaciones del hombre global con los armónicos. Esta es una vinculación implícita y natural, desde el momento que vemos y escuchamos, que estamos constituidos por principios vibratorios numéricos, y sobre todo porque existe en nosotros un movimiento constante que jamás conoce la calma. Solo nuestro punto central está siempre en calma, todo el resto no lo está jamás, cambia siempre orgánica e interiormente porque en cada área ondea el flujo constante. Esto se debe únicamente a la potencia del principio del número. Por ello tantos espíritus de gran inteligencia han tratado de alcanzar las máximas abstracciones en la matemática. A diferencia de lo que sucede generalmente, han considerado la matemática como una ciencia de principios.

Pero veamos otra cosa con respecto al 7. «Luego de siete semanas y años las deudas eran perdonadas, los esclavos liberados, las tierras devueltas a los propietarios. Siete son las notas de la escala temperada, siete las fases lunares, siete los planetas» (N 9). Los colores del arco iris corresponden a los siete planetas, a las siete facultades y así sucesivamente. Siete son los movimientos que, integrados o no, se realizan.

El espacio está compuesto por siete elementos si a las seis direcciones se agrega el centro. Además hay toda una serie de recomendaciones de cosas que no se deben hacer el séptimo día, porque es día de síntesis o incluso porque resultaría peligroso. Podemos recordar también los siete Chakras, las siete Estaciones de San Agustín, las siete fases de la Iluminación a través de la sucesión de los siete colores. Como se puede ver, suceden muchas cosas con el número 7. Hemos intentado citar algunas de ellas que no son tan conocidas y a las que debemos agregar las que ya conocemos. En el Libro de Zacarías, en la Biblia, encontramos estas expresiones: «En esta piedra abriré siete ojos».

Nos hemos limitado a destacar la importancia de algunos septenarios en relación con todos los existentes.

Uno de los modos para representar el 7 es una figura de seis lados más el principio, y se convierte en símbolo de la generación de cada número y cada ser, porque es la interpretación de la Tríada superior con la tríada inferior (C 10). Estos dos triángulos entrecruzados brotan del punto central, el séptimo - o el primero. Así Padre, Madre e Hijo serán siempre vistos como símbolo de la generación, al extremo que algunos vinculan la palabra «six» (seis) al sexo.

A propósito de las siete estrellas de la Osa Mayor los chinos decían que el hombre se iluminaría cuando lograra ver las dos estrellas invisibles. Por lo tanto las estrellas son nueve, pero se debe meditar sobre las siete. En la antigüedad la relación existente entre las siete estrellas de la Osa Mayor y las siete estrellas de las Pléyades se concebía como la Fuente del Sonido. Según estos conocedores, el Sonido proviene de la Osa Mayor y de las Pléyades: cada sonido es una de estas estrellas. Esta es una idea universal, pero para los chinos es especialmente clara. Por otra parte cada septenario está en relación con otro, y en el caso de la Osa Mayor la relación es con el Sonido.

En cambio, con el 2 no podemos manifestar ninguna figura geométrica. Por este motivo todas las teologías han dicho que del Uno se pasa al Tres: Uno y Trino, Trino y Uno, la Trinidad en el Uno y el Uno en la Trinidad. El Dos, desde un punto de vista interior, no existe, no es real porque forma siempre parte del Uno, la que nosotros llamamos dualidad forma siempre parte de la unidad, no existe la dualidad. En efecto el dos, simbolizado por dos puntos en el espacio, no crea nada desde el punto de vista de la manifestación. En cambio el dos se puede expresar como un punto vibrante que tiene un polo norte y un polo sur, por ende como una cuerda que al mismo tiempo sería tanto el Uno como el dos, o sea el sonido de base, la tónica de la que surgen todas las proporciones internas de sí misma.

En el 2 no hay valor geométrico, este último se expresa en las figuras y en los cuerpos. En todo sólido hay facetas. La geometría trata de figuras y cuerpos sólidos, y en consecuencia se manifiesta en una forma. El número triangular participa de la naturaleza del triángulo. A partir de estas consideraciones encontramos una serie de confirmaciones sobre la profundidad de la geometría especialmente como hecho interior; cómo mediante ella es posible, de alguna manera, descubrir las causas de la existencia. Pero también hay otros factores que no se deben descuidar. Los números no son solo triangulares y cuadrados, hay números pentagonales, hexagonales, heptagonales, etcétera. En consecuencia, habrá una sucesión de figuras en el espacio que siempre surgen del Uno, del Punto creativo en vibración. Se entiende con esto que el Punto creativo tiene en Sí todas las semillas y las infinitas posibilidades de expansión; este es el motivo de la multiplicidad de las formas en la naturaleza, que participan del Uno y están vivas gracias a el.

En términos modernos las formas se llamarían modalidades vibratorias. Cuando se habla de modalidad vibratoria, es lo mismo que hablar de una energía que vibra de un determinado modo (C 11). La física nuclear está llegando a muchas de estas conclusiones que, evidentemente, no son nuevas porque nunca hubo confines entre la energía y la materia, al ser esta última una forma de energía más o menos solidificada. No podemos decir, por ejemplo, que lo que se precipita y luego se evapora pasando por el estado acuoso sean naturalezas diferentes. Acá tenemos la misma idéntica materia que se condensa o se abstrae, según su calidad vibratoria. Es evidente que con los sentidos físicos percibimos un trozo de hielo, agua que corre y vapor como tres cosas diferentes, pero en realidad no lo son. Estas mismas relaciones existen para la infinidad de las formas de la naturaleza derivadas del Uno.

Es verdad que uno puede maravillarse pensando en cómo ha sido posible penetrar en la esencia última de estos acontecimientos, esencia última de lo que es el proceso de la vida y también, diría, de los propósitos de la vida. Acá se trata de llegar a comprender cómo el hombre puede evolucionar, puede lograr encontrarse a sí mismo y en consecuencia encontrar el Uno en cada combinación, según los modos de progresión numérica. A Pitágoras le importaba demostrar que todo esto avanza mediante leyes fundamentales que, ¡oh casualidad!, son las del sistema binario tan utilizadas hoy para la informática.

El número 5

Otro hecho de numerología. El 5, símbolo pitagórico del hombre perfecto, es la estrella de cinco puntas, el símbolo del hombre que está en relación con todos los puntos del espacio, y representa la perfección humana. Este símbolo es el pentagrama, llamado también pentalfa, péntada. La estrella de cinco puntas participa de la naturaleza del 5 y se puede construir dentro del pentágono. La estrella de Pitágoras era el símbolo de todos los sentidos despiertos partiendo siempre del hombre central, del hombre que, desde el Uno, emana estas cinco partes.

Para el pitagórico el 5 y la estrella de cinco puntas serán los signos de reconocimiento del cual emanará luego el pentagrama musical para poder escribir todas las notas. Si hubiera que cruzar e interrelacionar nuevamente estas mismas líneas del pentagrama, el resultado sería la estrella de cinco puntas que para los chinos y los pitagóricos significa «hombre de pie». Los dedos de la mano son cinco y el símbolo de la perfección se obtiene cuando los dedos se entrecruzan y son 10: la Década. Naturalmente no solo porque 5 + 5 = 10, sino porque esta es también la unión de todas las energías. Con la posición de las manos unidas se ora, se saluda, se piensa que esta posición tiene un alto valor energético y curativo. En todo caso, tenemos un 10, una década.

¿Y cuál sería el Uno para el hombre, físicamente? ¡El corazón! El corazón es el punto de irradiación del Uno. Algunas experiencias de gimnasia eufónica se basan en el *movimiento a partir del corazón*. La búsqueda del movimiento del corazón es la búsqueda del movimiento del Sol y del Uno en nosotros. Es este movimiento que extiende todas las líneas en el espacio. Este número, el 5, se expresa en los cinco sentidos, pero también tiene un significado más profundo, incluso prepitagórico: el hombre que une las dos manos, que une los dos cincos, los dos puntos de conexión de energía en sí mismo, es 10. De aquí entonces todas las formas de saludo, de plegaria, de unión energética, un polo con el otro.

Una de las materias que profundizaron los pitagóricos era la aritmología, llamada también «aritmomancia», que no se refiere a la adivinación, o sea al poder del número de adivinar algo, sino a la divinidad del número concebido como ritmo. La aritmética es muy posterior, incluso casi separada de estos principios. En nuestra aritmética se menciona a Pitágoras solo cuando se estudia su teorema, que de todos modos sigue siendo un misterio. Si se profundizara realmente, además de su función de cálculo podría ser adecuada para cada necesidad, que incluye otros aspectos del número. Por otra parte, la aritmología ya forma directamente parte de aquello que hoy se trata de reproponer con la idea científica de los biorritmos.

La aritmología, entonces, se ocupaba de este aspecto profundo de la matemática y del número como esencia y como vida. De aquí ha derivado el concepto de «mensa pitagórica», definida como «mesa pitagórica». «Mensa» significa también «mentalidad» pitagórica, o sea la «mente» del hombre pitagórico, y significa también ese cuadrado en el que estaban contenidos todo el mundo y las relaciones rítmicas y numéricas. En una palabra, en *nuestra mente estarían contenidos todos aquellos principios* en sí. La tarea fundamental de Pitágoras y de todos sus discípulos ha sido hacernos conscientes del hecho que todos los principios de la mesa pitagórica están en nosotros y que nosotros podemos resonar con ellos, con los números, con el sonido, con la vibración y la frecuencia.

La enseñanza pitagórica es precisamente esto: una vez que se llega a ser conscientes del principio, se podría vivirlo y ser capaces de ayudar a que cada uno pueda comprender lo más posible y de modo armónico el propio rol, el propio ritmo dentro del ritmo universal.

Esta no es matemática común, porque nos refleja principios que coexisten en nosotros. La verdadera matemática pone en movimiento entidades vitales internas, concibe relaciones, establece proporciones. Lo bueno es que gran parte de los principios citados se puede hallar en las relaciones internas de la cuerda. Naturalmente esto también se logra con una placa vibrante u otra unidad de cualquier medida, pero solo la cuerda sintetiza en sí una posibilidad vibratoria, por lo que un punto que vibra se comprende mucho más en la cuerda que en otros objetos.

Las escalas musicales y el orden armónico

Si tenemos un monocordio con una cuerda de 120 cm. de largo y la dividimos a los 60, 30, 40, 45 centímetros, en cada uno de estos puntos comenzaremos a escuchar sonidos diferentes, proporcionales a estas medidas. Así podemos comenzar a tener una mayor comprensión de los armónicos; se verá que los armónicos de un sonido son sus resonancias, pero al mismo tiempo son sus proporciones internas. En una cuerda lo podemos estudiar porque en la unidad está todo. La cuerda puede tener cualquier longitud; con una cuerda de diez metros el estudio sería mucho más rico y percibiríamos muchos más matices. El único problema será escuchar bien a medida que se avanza en las proporciones internas. Matemáticamente estas últimas serán siempre idénticas: si se divide la cuerda por la mitad se obtendrá la octava, si se divide en tres se obtiene un nuevo sonido que en la serie sucesiva de la escala se llama sonido de quinta, pero es quinta en relación con la escala. Así sucesivamente hasta que se obtienen todos los sonidos de la escala musical (C 12).

Si hubiera que avanzar pedagógicamente para quien no sabe, habría que comenzar dividiendo la cuerda y estudiando los sonidos que se obtienen. Recién después de haber actuado de este modo descubro, ordenando los sonidos, que uno resulta ser el Re, otro el Mi, etcétera, pero para el orden de aparición no hay precedencia. De hecho, en la serie de los armónicos el segundo sonido que aparece es idéntico al primero, y acá está la confirmación de la unidad: tengo un Do y aparece un Do, tengo un Re como base y aparece un Re, tengo el Mi y aparece el Mi. El que surge como segundo sonido es el mismo que el primero. Además, si la base es un Do, el quinto sonido será el Sol; si la base es un Re aparecerá el La.

Las escalas, entonces, no surgen por sucesión. Este es un problema de orden en el espacio y en el tiempo. En cambio en Caos y Theos tengo armónicos, o sea otro orden, un orden que no es sucesivo. Con la mente racional estamos habituados al orden sucesivo de las cosas: primero tengo la primera, luego la segunda, después la tercera, la cuarta, etc. La naturaleza en cambio expresa que como segunda tengo...¡la octava! Se nos presenta entonces un orden armónico muy distinto del orden sucesivo de las cosas, profundamente ordenado y que podemos llamar intuitivo.

La maestría fundamental, en el pitagorismo, era vivir de acuerdo con este orden armónico, era buscar esas proporciones universales en la vida. Recién después es posible dedicarse al orden sucesivo. La mente racional estaba bien desarrollada, no se negaba ni se mantenía apartada, sino que se la utilizaba desde otro polo, sobre la base del vivir armónico.

En el Timeo Platón describe el alma del mundo, cómo estamos hechos, cómo está generado el mundo, y habla de ello en términos de intervalos musicales diciendo que estamos compuestos por diferentes proporciones, de lo uno y de lo otro, de «lo mismo y lo diferente»: «en diferentes proporciones de lo uno y de lo otro» (N 10). Pero en una unidad.

Resumiendo, lo que hemos estudiado es cómo se concibe la unidad, cuáles son las relaciones internas a esta unidad, los números cuadrados y los números triangulares, y las leyes de progresión interna subyacentes en estos números.

COMENTARIOS AL CAPÍTULO V

C 1. En la poesía de Rumi, «Partida», así se dice la misma cosa:
«¡Oh corazón, vuela hacia tu Señor, amigo, corre hacia el Amigo,
oh tú, guardián, despierta, levántate: no debe dormir el custodio!»
«¡Fango eras y en corazón te convertiste, ignorante eras y fuiste sabio;
quien hasta aquí te trajo, te llevará más allá, ahora!»
Rumi: Poemas místicos.

C 2. La personalidad es la triple modalidad de ser del hombre: física, emotiva y mental racional. Este modo de ser, que vive por conveniencia, porque es ignorante de las leyes fundamentales de la vida, es causa de la herejía de la separación por la cual vive separada del Uno.

C 3. El pitagórico usaba el término «cosmos» para definir el Orden. Antes del Cosmos estaba el Caos donde los elementos, según nuestra idea de orden, están desordenados, no en sucesión. Pero entre ellos, dentro del Caos, estaban en perfecta armonía.

C 4. Parte de nuestra existencia es relativa, o mejor aún, se vive en lo relativo. Pero no toda nuestra existencia está situada en lo relativo. En el mundo de los sueños, por ejemplo, nos percatamos de que el tiempo y el espacio tienen otros parámetros diferentes de los del mundo de la vigilia. En el sueño sin sueños el tiempo y el espacio son diferentes. Y más allá del sueño sin sueños el tiempo y el espacio como nosotros los concebimos no existen. Esta es una simplísima constatación que nos dice que siempre estamos representando en nuestra conciencia estos tres niveles de espacio y de tiempo.

Es nuestra educación habitual la que nos hace vivir constantemente en lo relativo, y esta misma educación nos hace decir, con mucho orgullo, que tenemos los pies en la tierra. Es legítimo y es justo tener los pies en la tierra, pero en todo caso esto sirve para que lo absoluto se manifieste en lo relativo para no estar todo el tiempo sujetos solo al tiempo y al espacio, y se ha apenas demostrado al hablar de los cuatro estados de conciencia. Por ende, las gradaciones sucesivas no son sino procesos en el tiempo mientras vale ese sistema de medidas. En esto también reside la relatividad de todos los seres vivos. El ciclo vital de cada ser es por lo tanto relativo a su propia condición. Diferentes esferas cumplen diferentes ciclos vitales: un elefante, una tortuga, otros seres, otros entes. El ciclo vital de un elefante es largo respecto del nuestro porque lo observamos con nuestra unidad de medida, pero para el elefante su ciclo vital no se puede decir que sea largo: es justo.

C 5. Existen números afortunados y números desafortunados, números benéficos y números maléficos. Así mientras el ternario —el primero de los números impares (ya que el Uno es el perfecto que ocupa un lugar propio)— es el número divino o el triángulo, la díada cayó en desgracia con los pitagóricos desde el inicio.

Mientras el número uno simbolizaba la armonía, el orden o el principio del bien, el número dos expresaba la idea contraria. La ciencia del bien y del mal nació con él. Todo aquello que es doble, falso, opuesto a la realidad única, se representaba con el binario. Este expresaba también los contrastes en la naturaleza, que son siempre dobles: noche y día, luz y oscuridad, calor y frío, humedad y aridez, salud y enfermedad, error y verdad, macho y hembra, etc. Los romanos dedicaban a Plutón el segundo mes del año y el segundo día de este mes a expiaciones en honor de los Manes. El mismo rito fue instituido y copiado fielmente por la Iglesia latina. El papa Juan XIX instituyó en 1003 la Festividad de los Difuntos, que se debía celebrar el 2 de noviembre, el segundo mes del otoño.

C 6. Es difícil para nosotros concebir que el punto se mueva. Por eso la Tétrada no era solo una figura formada por 10 puntos, sino que debemos ver todo aquello que sucede dentro de los 10 puntos y cuáles son todas las relaciones interconectadas en su interior.

C 7. De tal complejidad derivaron todas las claves de interpretación, pero más allá de estas tenemos la importancia de la resonancia de estos números en cada uno de nosotros, dado que los percibimos de modo acústico y visual. Al decir visual nos referimos también a la forma delimitada por los siete colores, porque si no viéramos los colores, la luz, no podríamos ni siquiera percibir la forma. También la forma tiene un color, o bien se podría decir que el color contiene también la forma y es al mismo tiempo espacio. Si no viéramos el color, cualquiera sea, de un objeto, no veríamos su contorno, porque es solo una expresión de la luz: si no hay luz no están los contornos, y apenas aparece la luz, percibimos los colores. También en estos casos, como en el sonido, tenemos relaciones de intervalos. Por ende no es extraño que toda la antigüedad, y sin duda el pitagorismo, hayan concebido una idea del mundo que podríamos llamar audiovisual, o sea acústica y visual, dando con esto preeminencia a la vista y al oído sobre los otros sentidos, ya que son la clave de todas las otras expresiones. También el perfume entraba en esta misma concepción, pero era un perfume que debía afinar la percepción acústica y visual, haciendo derivar de él los famosos inciensos de todas las civilizaciones antiguas.
Esta triplicidad estuvo siempre presente para dar realce a la acústica y a la vista, esencialmente al sonido y al color, entendiendo este último como forma, como espacio. También en el pitagorismo está siempre la idea del sonido luminoso o de la luz sonora, del sonido que ilumina porque es luz, así como la luz es sonido. En todas las *manifestaciones está el principio de la resonancia y de la luz*.

C 8. Es interesante el hecho de que sobre todo en la antigua Roma, cuando la familia tenía seis o siete hijos, los primeros cuatro tenían un nombre, pero el quinto era Quintus, luego Sextus, Septimus, etc. Esto respetaba la idea de que en el cuatro ya se había cumplido algo una determinado, y por lo tanto hasta el cuatro se ponían nombres, del quinto en adelante se ponían números. Además, el mismo Derecho Romano permitía el aborto hasta la cuarta luna y no más allá. No olvidemos tampoco que en el mes lunar tenemos cuatro veces siete. No siete veces cuatro, sino lo contrario, y en este caso interesa más el cuatro que el siete. Eso valía para la antigüedad, pero también para nosotros podría significar varias cosas, a menos que no nivelemos estos principios a un cálculo normal de los días.

C 9. El 7 es fundamental sobre todo en la escala musical. De hecho, dentro de nuestra gama audible las notas musicales se repiten siete veces. Hay siete Do, siete Re, siete Mi, etc. Se podría también ir más allá de la gama audible, pero los sonidos no se diferenciarían mucho ni en los bajos ni en los agudos porque parecerían los mismos — las diferencias existen siempre, pero son muy poco perceptibles. Entonces tenemos un Do en siete octavas diferentes, un Re en siete octavas, etc. Teóricamente con cada nota se puede ir más abajo o más arriba, y a medida que nos desplazamos aparecen otras modalidades de energía. Esto es lo más extraño, puesto que cuanto más nos desplazamos en las octavas inferiores o superiores, encontramos colores, ondas de radio, rayos cósmicos. Una parte de la gama en algunas de estas octavas es el sonido audible, mientras que en otras la gama no se expresa como sonido. Veremos una pequeña lista de las octavas energéticas donde se presenta a nuestra percepción la banda del sonido, del color, de las ondas de radio, etc. Por lo tanto, todo forma parte de un movimiento de ondas que son captadas de manera diferente de acuerdo con los armónicos.

Teóricamente los armónicos son infinitos, e infinitas son las formas de energía. Menciono esto porque cuando Pitágoras habla de escuchar la música de las esferas, su sentir es real, es totalmente real y posible la percepción de tal Música. Pensemos en la radioastronomía que transmuta en bandas de sonido lo que capta de cada planeta, dado que cada uno de ellos tiene su propio movimiento y su propia vibración. Para la radioastronomía ha dejado de ser un secreto identificar la constitución de los planetas por medio de estas ondas. De todos modos, debemos decir que la música de las esferas de Pitágoras es una realidad muy diferente de la que estudia la radioastronomía, dado que involucra a todos los planos de existencia, no solo a los cuerpos físicos. No por nada Pitágoras era llamado «hijo de Apolo».

C 10. La Tríada superior es el alma, la inferior la personalidad, y el punto en el medio es el Espíritu, o Mónada, de donde provienen las dos tríadas.

C 11. Si cada número es flujo, si cada número es vibración, si es también nombre y por ende sonido, es evidente que cada una de estas diferenciaciones de la Mónada —el Uno— se refleja en la acústica y en cada relación de los armónicos, desde el nacimiento de los armónicos hasta la armonía del mundo. Las relaciones internas y la estrecha relación con cada aspecto que tenga número da origen a las escalas musicales y a las diferenciaciones monádicas. Por eso se dice, sobre todo en la Cábala, que el solo hecho de pronunciar uno de los nombres diferenciados —pronunciar en el sentido de entrar en consonancia con uno de ellos— despierta a ese determinado principio. En el Yoga se dice que a cada centro de energía corresponde un sonido, y que la simple evocación de ese sonido crea una apertura en la esfera de conciencia correspondiente. En las Upanishad, cuando se habla de los diez sonidos, se hace una distinción muy particular, sobre todo en la «Hamsa Upanishad», que es la Upanishad de la respiración y, al mismo tiempo, del cisne. Hamsa en sánscrito significa cisne —en Occidente este nombre se dará a la Liga Anseática—, pero en su significado más profundo el cisne se identifica con la intuición, con ese sonido que está más allá de las aguas aunque esté sumergido en ellas. Tal es el proceder del cisne —el águila de las aguas— que, si bien se mueve en profundidad, está por encima del agua y por lo tanto está fuera y dentro de ella. El término «hamsa» en sánscrito expresa también la idea de la inspiración y la expiración que cada uno de nosotros realiza constantemente. Son sonidos que se emiten constantemente durante la respiración y que en sánscrito significan: «Yo soy». «So ham» significa: «Esto yo soy», y es todo uno con la expiración y la inspiración, es un flujo. Por lo tanto, en la Hamsa Upanishad, que forma parte del Yoga considerado en su significado más profundo —es la idea audiovisual y perfumada del mundo, es Sonido luminoso y Luz sonora— se habla de esos diez sonidos sintetizados en el «Trueno». Además las relaciones evidenciadas en la Tetraktys, de 2/1, 3/2, 4/3, son las mismas que obtenemos dividiendo el canon, o sea la cuerda, en dos o más partes, por lo cual 2/1 nos dará la octava, 3/2 nos dará la quinta y 4/3 la cuarta. De esta observación surge toda una serie de enseñanzas contenidas en la Tetraktys, que no por nada era considerada sagrada. Esta, en realidad, condensa en sí todos los principios fundamentales concernientes a la armonía de la creación.

C 12. Las escalas musicales han sido concebidas luego del estudio de los armónicos, son su resultado. La diversidad de las escalas musicales se atribuye a la elección de algunos armónicos. Este estudio es muy interesante. Por ejemplo, los chinos conocían todos los sonidos, pero de ellos eligieron cinco principales y dos secundarios. Sus escalas son pentáfonas, escalas de cinco sonidos, que fueron elegidas adrede para un significado funcional a nivel tanto psíquico como somático.

NOTAS AL CAPÍTULO V

N 1. Plutarco de Queronea, Beocia, nació alrededor del 50 a. C. y murió alrededor del 127. Sintió una devoción absoluta por Platón, a tal punto que dio a sus escritos una forma dialógica en su honor. Nombrado sacerdote del santuario de Apolo en Delfos, fue el filósofo que, retomando a Sócrates, hizo conocer a la humanidad el oráculo délfico: «Hombre, conócete a ti mismo» que hasta ese momento formaba parte de los Misterios. Sus obras más importantes son las «Vidas paralelas» y los «Moralia», compendio de filosofía, política, teología, ciencias naturales, etc.

N 2. Jalalu-d-din Muhammad, más conocido con el título de Maawlana («nuestro Señor») que le fue otorgado más tarde, es sin duda el poeta sufi más eminente producido por Persia, mientras que su «Masnavi» místico merece ser incluido entre los poemas más grandes de todos los tiempos. Sir E. G. Browne (Universidad de Cambridge).
De: Poemas místicos de Rumi.

N 3. Elèmire Zolla. Los Místicos de Occidente. Vol. 1° Bur.

N 4. Macgregor Mathers. «The Kabbala Unveiled». Citado en nota por Elèmire Zolla, mismo volumen.

N 5. Se refiere a la intuición, que va más allá de la razón lógica porque capta el arquetipo.

N 6. Moderato de Cádiz, pitagórico, fuente importante para el neopitagorismo y el neoplatonismo.

N 7. Traducción de Porfirio, Vita di Pitagora de «I versi aurei, i simboli, le lettere» cap. 47 – 53. Editorial Carabba, 1928.

N 8. Brahma el Creador, el tercer Logos de la Trinidad de la India junto con Shiva y Vishnu, llamado «Brahma de las cuatro caras».

N 9. Se refiere a los planetas considerados sagrados, de los cuales la tierra aún no forma parte.

N 10. «El mismo razonamiento vale para la naturaleza que contiene todos los cuerpos: se debe decir que es siempre la misma, porque no pierde absolutamente su potencia, sino que recibe continuamente todas las cosas, y de ninguna manera adopta una forma similar a ninguna de ellas: porque ella naturalmente es la materia formadora de todo, movida y manifestada por las cosas que incluye y por esta causa aparece "a veces con una forma y a veces con otras": y las cosas que sin cesar entran y sin cesar salen de ella son siempre imágenes de las cosas perennes, moldeadas por ellas de manera inefable y maravillosa, que luego indagaremos».
Traducción de Platone, Timeo, 50 b-d, Platone - Opere complete. Vol. VI Laterza.

CAPÍTULO VI

LAS PROPORCIONES UNIVERSALES

- *Los modos musicales y el descubrimiento de la Ley de los Armónicos.*
- *Las Proporciones universales y la composición del alma del mundo.*
- *Las octavas energéticas y la Música Universal*

Aunque oigas la música de los hombres,

no oyes la música de la tierra.

Aunque oigas la música de la tierra,

no oyes la música del Cielo.

El universo tiene una respiración cósmica. Su nombre es Viento…

Brisas gentiles ejecutan armonías delicadas,

vientos impetuosos, armonías estrepitosas.

Cuando la violencia de las ráfagas se calma,

cada cavidad se torna silenciosa.

La música de la tierra es el sonido de estas cavidades.

La música del hombre proviene de las cavidades de la caña.

¿Y la música del Cielo?

(«Los capítulos interiores» de Chuang Tzu - 400 a.C.)

Los modos musicales y el descubrimiento de la Ley de los Armónicos

Siguiendo a Jámblico veremos cómo descubrió Pitágoras la armonía musical y sus leyes, y cómo transmitió a los discípulos la ciencia completa, también veremos los modos y las escalas musicales. Esto puede parecer un tema musicológico, pero es necesario tener presente que son pocos los autores que abordan el rol psicoactivo de los modos musicales. El término «psicoactivo» se refiere a aquello que Pitágoras y luego Damón (N 1) llamaron Ethos de los modos musicales, o sea el significado interno de los modos, dado que Ethos es una palabra que tiene muchos significados. El valor y la influencia del Ethos es una ciencia que se ha perdido en el tiempo pero que hoy retoma la psicoacústica, según la cual se atribuye de por sí al sonido un determinado valor afectivo, o bien este determinado valor es relativo al sujeto que escucha y por ende es puramente psicológico. En esencia se repropone la antigua polémica entre quienes afirman que es el hombre quien atribuye un determinado valor al sonido y a las escalas musicales, y aquellos que en cambio sostienen que este existe independientemente de la percepción personal (C 1).

De la música antigua india proviene el *raga*, que significa tonalidad pero no en el sentido occidental de la palabra. Su significado es tono, color, sentimiento. Hay diferentes tipos de *ragas* que en sí no son sino escalas, módulos musicales con significado psicológico (C 2). Existen formas musicales similares al *raga* también en otras civilizaciones. En el islamismo existe el *maqam*, dentro de cuya escala musical el músico realiza improvisaciones siguiendo un determinado esquema rítmico de dirección; en Grecia encontramos algo muy similar en los «nomos», también llamados «tropos», que consisten en tipos de escalas musicales muy diferentes a las que se atribuye un determinado significado.

La psicoacústica estudia los efectos de orden psicológico provocados por la escala musical sin considerar si su construcción tiene un valor de por sí, o sea si contiene aquellas características que determinan el ethos de los modos, o si se trata simplemente de una atribución hecha por la civilización, en el sentido de que es un grupo étnico completo, y no un solo individuo, el que atribuye efectos a esos modos. Las antiguas tradiciones se refieren a los poderosos efectos de la música, de los sonidos y las escalas musicales. No última la más cercana al pitagorismo, la doctrina órfica (C 3). El orfismo será una de las doctrinas más cercanas al pitagorismo. Por ello Pitágoras considerará las influencias de las escalas musicales no solo en los aspectos que experimentó, sino también a la luz de una sabiduría muy antigua heredada por él. Estos conocimientos órficos fueron aplicados por Pitágoras de un modo que no se puede considerar nuevo, sino adecuado a su época, y que da una pauta para lo que será el futuro. Sobre esta base podemos decir que los períodos anterior y posterior a Pitágoras dejan una huella para la civilización occidental. Las investigaciones de Pitágoras tuvieron una fuerte influencia en el período de los teóricos griegos de la música, a punto tal que no se podía estar separados ni siquiera de las ideas del prepitagorismo.

Veamos ahora, luego de este panorama un poco general, un fragmento muy importante de la «Vida pitagórica» de Jámblico:
«En una ocasión, mientras meditaba y concentraba todo esfuerzo del pensamiento en el intento de acerca de si idear un aparato de ayuda para el oído, seguro e infalible, como tiene la vista con el compás, la regla y el cuadrante, y el tacto con la balanza o la invención de las medidas. Mientras pasaba junto a una herrería, por "suerte divina" escuchó los golpes de los martillos en el hierro sobre el yunque, que producían ecos en perfecto acorde armónico entre sí, excepto una combinación. En ellos reconoció la consonancia de la octava, de la quinta y de la cuarta y notó que el intervalo entre cuarta y quinta era en sí mismo disonante, pero sin embargo apto para completar la diferencia de magnitud que había entre ellos.
Contento por ver cumplido su propósito con ayuda de la divinidad, entró en la herrería, y, tras variados intentos, encontró que la diferencia de altura de los sonidos radicaba en la masa de los martillos, y no en la fuerza de quienes los golpeaban, ni en la forma de los martillos, ni de la condición del hierro. Establecido

con la máxima precisión el peso de los martillos regresó a casa y en una clavija fijada diagonalmente a la pared –para evitar que un mayor número de clavijas provocara alguna diferencia, o se pudiera sospechar que cualquier diversidad de las clavijas causara error- adaptó cuatro cuerdas del mismo material, de idéntico tamaño y grosor e igual tensión, uniendo una después de otra, y les colgó además un peso en el extremo de cada una, igualando perfectamente las longitudes de las cuerdas. A continuación, tañendo al mismo tiempo las cuerdas de dos en dos, halló alternativamente los intervalos anteriormente mencionados, uno para cada pareja. Así descubrió que la tensada por el peso mayor resonaba a la octava respecto de aquella con el peso más pequeño, y un peso era de doce unidades y el otro, de seis. Demostró así que el intervalo de octava se basa en la relación 2: 1, como indicaban los mismos pesos. Además, la más tensa en relación con la próxima a la menos tensa (cargada con ocho unidades de peso), daba el intervalo de quinta. Así demostró que este se basa en la proporción 3:2, proporción en la que precisamente estaban también los respectivos pesos. Con la inmediatamente sucesiva en cuanto al peso y mayor que las demás (cargada con nueve unidades), la más tensa estaba en relación de cuarta, de una manera análoga a los pesos. Así demostró que este intervalo se basa en la relación 4:3, y que junto a la cuerda más tensa, respecto a la más floja, guarda una proporción de 3:2 (porque esta es la relación de 9 a 6).

De un modo semejante, la segunda más floja, la de ocho unidades de peso con relación a la de seis estaba en una proporción de 4:3, y respecto a la de doce unidades en una proporción de 2:3. Por lo demás, el intervalo entre la quinta y la cuarta, está en una relación "hiperoctava", lo mismo que 9:8. Y la octava mostraba un acorde doble, o sea como producto de quinta y cuarta unidas (así como la relación 2:1 es el producto de 3/2 y 4/3, y por lo tanto 12:8:6), o bien, a la inversa, como una conjunción de cuarta y quinta, dado que la relación 2: 1 es el producto 4/3 y 3/2. La octava se muestra entonces en el orden 12:9:6. Luego de haber habituado sus manos y oídos a los pesos y habiendo confirmado, de acuerdo con ellos, la relación de las proporciones, transfirió ingeniosamente la suspensión general de las cuerdas, de la clavija fijada en diagonal, a la base de un instrumento que llamó *cordótono*, mientras producía la respectiva tensión proporcionalmente a los pesos, mediante la apropiada rotación de las clavijas desde lo alto.

Sirviéndose de este instrumento, casi regla infalible, extendió después la prueba a otros instrumentos: platillos de percusión, flautas, siringas, monocordios, triángulos y otros semejantes; y en todos encontró que la comprensión por medio del número correspondía perfectamente y no admitía variación alguna. Y dio el nombre de *hypáte* al sonido que participa del número seis, y *mése* al que participa del ocho, más alto que el primero de un intervalo de cuarta; *paramése* al que participa del nueve, un tono entero más agudo que el *mése*, o sea de 9:8, y finalmente llamó *néte* al partícipe del 12. Completó los intervalos intermedios según el género diatónico con sones proporcionados. De este modo ordenó el octacordio con relaciones numéricas consonantes: 2:1, 3:2, 4:3, y con la diferencia de estas últimas, 9:8 (C 4).

Encontró de este modo la progresión que casi por necesidad natural va del tono más grave al más agudo, según el género diatónico. Luego, partiendo de aquí, explicó claramente el género cromático y enarmónico, como será posible mostrarlo cuando hablemos de la música. El género diatónico parece tener los siguientes grados y progresiones naturales; semitono, tono, después nuevamente tono; esto da una cuarta, el compuesto de dos tonos y el semitono mencionado. Si luego se añade otro tono, esto es, el tono intercalado, nace la quinta, que resulta de un conjunto de tres tonos y un semitono. A esto sigue luego otro semitono y dos tonos, que origina otra cuarta, o sea, otra proporción 4:3. De manera que en el antiguo heptacordio todos los cuartos de tono son siempre consonantes, a partir del más grave, y avanzando siempre de cuarta en cuarta, mientras que el semitono toma el primero, segundo y tercer lugar respectivamente en el tetracordio.

Pero en el octacordio pitagórico, que resulta ser un compuesto por combinación, del tetracordio y el pentacordio, o bien por división de dos tetracordios separados entre sí por un tono, la progresión irá desde el tono más grave, de modo que cada quinto tono será consonante en relación a la quinta, mientras el semitono progresivamente muta en cuatro lugares: primero, segundo, tercero y cuarto. Así se dice que Pitágoras descubrió la música y, una vez que la ordenó sistemáticamente, la confió a sus discípulos como colaboradora de todo fin noble». (N 2).

¿Qué desea decirnos Jámblico? Un hecho que se advierte de inmediato es que parece que Pitágoras descubrió por «casualidad» la Ley de los armónicos. No es así, porque Jámblico nos dice que la descubre con la ayuda de un dios (C 5). La casualidad no existe para nadie. Si no hubiera sido por la ayuda de un dios, Pitágoras no habría descubierto esta Ley (C 6). Jámblico dice: «... mientras pasaba junto a una herrería por "suerte divina"...». ¿Cuál es acá la coincidencia? Es cierto, «por suerte divina» para nosotros es coincidencia, casualidad, pero en verdad más que casualidad, es causa. Para nosotros es ley de casualidad, mientras que para los griegos, al contrario, es ley de causalidad.

«Contento por ver cumplido su propósito con ayuda de la divinidad, entró en la herrería». Esto significa que Pitágoras jamás hubiera podido comprender de qué cosa se trataba, ni de descubrirlo, si inmediatamente después de la ayuda del dios no hubiera hecho su experiencia personal.

Se podrían hacer extensos comentarios sobre este texto de Jámblico, nosotros en cambio trataremos de comprender al menos en parte su esencia. Veamos cuál es la serie de los armónicos.

ESCALA ASCENDENTE DE LOS PRIMEROS DIECISÉIS ARMÓNICOS SIMPLES

8	5	4	3	3	3	2	2	2						
Do	Do	Sol	Do	Mi	Sol	Sib	Do	Re	Mi	Fa#	Sol	La	Sib	Si ♮	Do
1	2	3	4	5	6	7	8	9	10	11	12	13	14	15	16

Esta serie prosigue.

La relación que media entre Do y Do, o sea entre el primero y el segundo armónico, se llama octava, y entre estos dos sonidos se encuentra la escala: Do Re Mi Fa Sol La Si Do. La relación que media entre el segundo y el tercer armónico se llama quinta, porque por el mismo motivo mencionado tenemos Do Re Mi Fa Sol. La relación que media entre el tercero y el cuarto armónico se llama cuarta, porque tenemos Sol La Si Do. Estas relaciones son los intervalos, o sea las distancias entre un sonido y el otro.

En la relación de cuarta tenemos un Do, inmediatamente después otro Do, y luego otro Do después de un Sol: tres octavas. Es necesario decir que este sonido de base, en vez de un Do, podría ser un Re, un Mi, un Fa, etc., y las relaciones seguirían siendo las mismas. El factor principal, en efecto, no es cómo se llama el sonido, sino cuál es el primero, cuál es la tónica. A partir de esa tónica, las relaciones numéricas se presentarán siempre iguales.

La relación que existe entre el cuarto y el quinto armónico es de tercera, igual que entre el quinto y el sexto armónico: Do Re Mi - Mi Fa Sol, aunque se trata de diferentes tipos de terceras: tercera mayor, tercera menor, y otras. Pitágoras sabía todo esto. Nosotros ahora estamos considerando las primeras relaciones de los intervalos. Del Sol al Sib seguimos teniendo una tercera; del Sib al Do una segunda; del Do al Re también una segunda, si bien, como hemos visto para las terceras, se trata de otro tipo de segunda; del Re al Mi una segunda; a continuación tenemos constantemente segundas, hasta el infinito, y todas de diferente medida.

De todo esto obtenemos esta tabla donde se muestran las terceras y las segundas de la serie de los armónicos:

4 - 5	Do	Mi	3°
5 - 6	Mi	Sol	3°
6 - 7	Sol	Sib	3°
7 - 8	Sib	Do	2°
8 - 9	Do	Re	2°
9 - 10	Re	Mi	2°

etcétera.

Por la diversidad de los tipos de sonidos los pitagóricos a la mañana elegían el Do del cuarto armónico, que no es igual al Do del segundo armónico o al Do de base. En consecuencia las escalas musicales pueden variar al infinito, porque en la espiral de los armónicos hay diferencias cada vez más pequeñas y por ende los armónicos jamás pueden igualarse. Luego del Fa# y el Sol —undécimo y duodécimo armónico— se presentarán otros Fa# que no son iguales al primer Fa#. En el término de un cuarto de tono habrá octavas, dieciseisavos de tono, también no temperados. En este gráfico no aparecen, pero comenzarán a aparecer a medida que avancen los armónicos.

Sería necesario realizar un gráfico de quinientos armónicos para percatarse de que no se trata de los mismos sonidos, de los mismos Fa#, de los mismos Sol#, etc. Por ende resulta evidente que los armónicos se repiten, pero siempre con tonalidades diferentes porque no son iguales. Estos que hemos visto son los primeros dieciséis armónicos simples, totalmente lineales.

Observemos ahora esta tabla:

$$2/1 = 8°$$
$$3/2 = 5°$$
$$4/3 = 4°$$
$$9/8 = 2° \text{ Tono entero.}$$

2/1 significa octava porque la relación entre el segundo y el primer armónico es de octava, pero esto ya se ha visto. En este caso no interesa la tercera, como relación universal, sino la segunda, establecida por la relación entre el noveno y el octavo armónico, que se denomina «tono entero».

En esta tabla tenemos las cuatro primeras relaciones establecidas por Pitágoras y explicadas por Jámblico en el capítulo que se acaba de ver. Las Proporciones Universales están establecidas por estas cuatro relaciones fundamentales. La relación entre el segundo y el primer armónico está dada por una división particular de la cuerda; la relación entre el tercero y el segundo armónico está dada por otra división particular de la cuerda, que proporciona el intervalo de quinta; entre el cuarto y el tercer armónico está el intervalo de cuarta, y entre el noveno y el octavo armónico tenemos el intervalo de segunda, o tono entero. Se debe prestar atención al hecho de que ahora no se está hablando de la escala musical y sus notas Do Re Mi Fa Sol La Si Do, sino de las relaciones de intervalos establecidas por las proporciones universales dentro de las cuales se encuentran todos los sonidos: dentro de la octava, dentro de la quinta, dentro de la cuarta, y en el tono entero. Todas las escalas musicales se pueden construir simplemente con estas proporciones, no hace falta nada más (C7).

Las Proporciones Universales y la composición del alma del mundo

Todos estos armónicos, y esta es una de las cosas más interesantes, surgen de la *subdivisión de esta «cuerda nuestra» que vibra con un sonido de base que le es propio, con su propia tónica* (C 8). Entonces la tónica podría cambiar, podría ser un sonido cualquiera, pero las relaciones se mantienen siempre iguales (C 9). No solo con la cuerda, también con otros objetos las divisiones se mantienen siempre iguales, constantes. Como hemos visto en Jámblico, todo esto ha sido demostrado por Pitágoras, que establece las Proporciones Universales por medio de 12 unidades (pesos de las cuerdas), 9 unidades, 8 unidades, 6 unidades y las relaciones que existen entre ellas. Las proporciones universales están expresadas en el pequeño diagrama a continuación, denominado precisamente:

DIAGRAMA DE LAS PROPORCIONES UNIVERSALES

```
12   9   8   6
 •   •   •   •
 •   •   •   •
 •   •   •   •
 •   •   •   •
 •   •   •   •
 •   •   •   •
 •   •   •
 •   •   •
 •   •
 •
 •
Do  Fa  Sol Do
```

Y por lo tanto:

$12/6 = 2/1 =$	8°	Do - Do
$9/6 = 3/2 =$	5°	Fa - Do
$8/6 = 4/3 =$	4°	Sol - Do
$9/8 =$ Tono	2°	Fa - Sol

Estas relaciones se denominan Proporciones Universales. De acá surgen las formas simples de los primeros intervalos, los de base, que sirven para la construcción de cualquier escala y de cualquier ente.

Estas son Proporciones Universales justamente porque su aplicación es universal. Aquello que Pitágoras descubre de los herreros, luego de haberlo aplicado a las cuerdas, son proporciones cósmicas que se refieren a las distancias entre los planetas, a sus intervalos, a los *intervalos que existen también respecto de nuestras propias distancias energéticas*. Las Proporciones Universales se encuentran en todas las cosas y se desarrollan gradual y ordenadamente en formas armónicas muy complejas.

A continuación Pitágoras establece las relaciones internas en el tetracordio y comienza a ordenar las cosas. Platón, en el Timeo, lo sintetizará en la frase: «Dios geometriza». Para Pitágoras esta «geometrización» es la composición del alma del mundo, alma ordenada en relaciones de intervalos musicales, que permiten así comprender que las proporciones universales están identificadas como intervalos musicales (C 10).

Por todo lo dicho, es evidente que los casos de aplicación de las relaciones armónicas son infinitos. Solo es necesario estudiar a fondo cada caso. Por ejemplo, se ha realizado una exhaustiva investigación que concierne al crecimiento armónico de las plantas. Se trata de estudios bastante recientes y realizados sobre la base del pitagorismo.

Pero veamos otro ejemplo que proviene directamente de la doctrina pitagórica. Hay concordancia de proporciones en los intervalos entre las notas musicales y la armonía de las esferas. De hecho Tierra, Luna, Mercurio, Venus, Sol, Marte, Júpiter, Saturno alineados representan el monocordio, y son todas relaciones de octava, de quinta, de cuarta, y de las diferentes proporciones de tono entre un planeta y otro. En la antigüedad se representaba de esta manera:

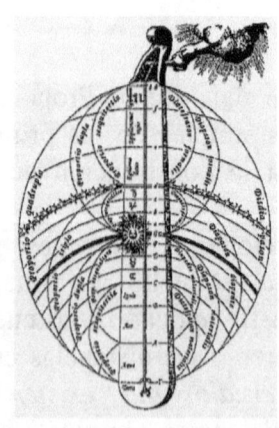

En esta figura, muy conocida, está todo el canon de las proporciones. En el monocordio vemos todas las proporciones internas entre el Sol y los planetas, establecidas como cánones.

El intervalo está creado más por la distancia entre los planetas que por su velocidad. Según Pitágoras la velocidad determina el Sonido del planeta. Es su movimiento el que determina el sonido, dado que cada *movimiento determina un sonido*, y por ende determina su intervalo.

Las octavas energéticas y la Música Universal

Las energías de la naturaleza, concebidas como velocidades vibratorias en los diferentes planos de existencia, siguen la que en el lenguaje empleado también por los físicos y los matemáticos se denomina ley de las octavas.
Presentamos a continuación un pequeño gráfico que trataremos de comentar brevemente.

LEY DE LAS OCTAVAS ENERGÉTICAS

Octavas	Vibraciones por segundo	Energía
	2	
1° octava	4	
2° octava	8	
3° octava	16	TACTO
. .		
6° octava	128	
.		

14° octava	32.768	SONIDO AUDIBLE
15° octava Ultrasonidos Frecuencias electromagnéticas . Altas frecuencias . entre 1.500 y 3.000 Kilociclos . 25° octava . . 33° octava		SONAR RADIO TELEVISIÓN
. . 36° octava	68.719.476.736	
37° octava . Hiperfrecuencias . 40° octava	1.099.511.627.776	RADAR
41° octava . . 44° octava Rayos infrarrojos . . 48° octava		
49° octava Luz 50° octava	1.125.899.966.842.624	LÁSER
51° octava . 53° octava Rayos	72.057.594.037.927.936	

ultravioletas . . 56° octava		
57° octava 58° octava Rayos X . 61° octava	4.611.686.018.427.387.904	
62° octava . Radioactividad . . 70° octava Rayos Gama, Beta, Alfa		
71° octava . . Partículas nucleares . 80° octava		

Por lo cual tenemos:

Octavas	Vibraciones por segundo	
1°	2 x 2 =	4
2°	4 x 2 =	8
3°	8 x 2 =	16
4°	16 x 2 =	32
5°	32 x 2 =	64
6°	64 x 2 =	128
7°	128 x 2 =	256
8°	256 x 2 =	512
9°	512 x 2 =	1.024
10°	1.024 x 2 =	2.048
11°	2.048 x 2 =	4.096
12°	4.096 x 2 =	8.192
13°	8.192 x 2 =	16.384
14°	16.384 x 2 =	32.768
15°	32.768 x 2 =	65.536
16°	65.536 x 2 =	131.072
17°	131.072 x 2 =	262.144
18°	262.144 x 2 =	524.288
19°	524.288 x 2 =	1.048.576
20°	1.048.576 x 2 =	2.097.152
21°	2.097.152 x 2 =	4.194.304
22°	4.194.304 x 2 =	8.388.608
23°	8.388.608 x 2 =	16.554.432
24°	16.777.216 x 2 =	33.554.432
25°	33.554.432 x 2 =	67.108.864
26°	67.108.864 x 2 =	134.217.728
27°	134.217.728 x 2 =	268.435.456
28°	268.435.456 x 2 =	536.870.912
29°	536.870.912 x 2 =	1.073.741.824
30°	1.073.741.824 x 2 =	2.147.483.648
31°	2.147.483.648 x 2 =	4.294.967.296
32°	4.294.967.296 x 2 =	8.589.934.592

33°	8.589.934.592 x 2 =	17.179.869.184
34°	17.179.869.184 x 2 =	34.359.738.368
35°	34.359.738.368 x 2 =	68.719.476.736
36°	68.719.476.736 x 2 =	137.438.953.472
37°	137.438.953.472 x 2 =	274.877.906.944
38°	274.877.906.944 x 2 =	549.755.813.888
39°	549.755.813.888 x 2 =	1.099.511.627.776
40°	1.099.511.627.776 x 2 =	2.199.023.255.552

Y así sucesivamente.

Esta ley sigue el sistema binario porque las vibraciones de cada octava energética se multiplican por dos para encontrar la octava sucesiva. Esta sucesión sigue al infinito, pero para nuestros propósitos es suficiente ver qué sucede hasta la 80.ª octava. Se trata de un gráfico simple porque solo se indicaron algunos valores principales. En el gráfico se aprecia de inmediato que no hay nada en la naturaleza que no vibre, que no tenga movimiento, de los cuales el más lento es de dos vibraciones por segundo.

Al aparecer la 3.ª octava, dada la velocidad vibratoria —16 vibraciones por segundo— tenemos el tacto. De la 6.ª a la 14.ª octava, o sea de 128 a 32.768 vibraciones por segundo, tenemos el sonido audible. Una vibración energética como la de 16 vibraciones por segundo también se puede oír, pero se trata de un súper bajo. La norma es que el sonido audible se percibe en la distancia entre ocho octavas, o sea entre la 6.ª y la 14.ª octava energética. Prosigamos para ver qué sucede, pero es evidente que no todo termina en la 80.ª octava. Estudiando el gráfico hemos visto qué sucede hasta la 80.ª octava, pero hay muchas más octavas energéticas luego de esta.

De la 15.ª a la 25.ª octava tenemos los ultrasonidos, las frecuencias electromagnéticas, las que se denominan altas frecuencias que vibran entre 1.500 y 3.000 kilociclos. En el espacio entre estas octavas tenemos el sonar, la radio, las ondas de radio, los megaciclos – mil megaciclos es un kilociclo.

Entre la 25.ª y la 33.ª octava ciertas modalidades de frecuencia permiten la existencia de la televisión.

Entre la 37.ª y la 40.ª octava hay una enorme cantidad de vibraciones por segundo. Siempre se habla de vibraciones por segundo. ¿Podemos imaginar una vibración energética de tal velocidad? Esto se ha medido y no hace más que confirmarnos todo aquello que Pitágoras sabía y había hecho. Acá hace su aparición el radar.

Entre la 41.ª y la 48.ª octava, sobre todo entre la 44.ª y la 45.ª, aparecen los rayos infrarrojos.

Es muy interesante notar que recién entre la 49.ª y la 50.ª octava aparece la Luz, no solo la visible, sino que a la altura vibratoria del amarillo aparece el láser, que no es otra cosa que un uso de la energía de la banda amarilla de la luz.

Las vibraciones por segundo son las que vemos en el cuadro: 1.125.899.966.842.624.

Entre la 51.ª y la 56.ª octava tenemos los rayos ultravioletas, y al final de esta octava como número de vibraciones por segundo tenemos: 72.057.594.037.927.936.

Entre la 57.ª y la 61.ª octava, al aparecer la 58.ª, encuentro los rayos X.

Entre la 62.ª y la 70.º octava tenemos todo el campo de la radioactividad. En este nivel las vibraciones por segundo se miden en Ángstrom, que son velocidades a la décima potencia. Se trata de millardos de millardos de vibraciones. En la 70.ª octava aparecen los rayos que conocemos como Alfa, Beta, Gama. Entre esta y la 80.ª octava se encuentra todo el reino de las partículas nucleares. Es muy extraño que se llegue a las partículas más pequeñas, como a las más veloces. Y acá me detengo.

Esta visión es muy útil. El grafico sin duda se puede mejorar al ver exactamente qué sucede octava tras octava. Ahora estamos viendo solo un cuadro muy general, pero estamos observando una «única» energía que se comporta de manera diferente en los diversos planos de la materia. Es muy extraño, pero aquello que los pitagóricos concebían como sonido era todo esto. Cuando los pitagóricos hablaban de la música de las esferas, se referían a toda esta gama vibratoria, aclarando —con mucha parsimonia— que la música terrestre era solo una parte de ella. La música terrestre es posible encontrarla entre la 6.ª y la 14.ª octava vibratoria; este es el reino del sonido audible. La música de las esferas, el canto de las sirenas, la Música inaudible, van mucho más allá de esta estrecha gama terrestre. Por este motivo se decía que todo es música, sin importar si se trata de rayos ultravioletas, partículas nucleares u otra cosa. y *todo se comporta siguiendo las mismas relaciones*.

Esto que hemos enumerado se debe considerar en términos de sonido y de luz, lo que permite que nuestras percepciones comprendan la realidad del universo visible e invisible. La sabiduría antigua entendía bien que nuestras percepciones no superan ciertas bandas de frecuencia, que hay un límite visible y un límite auditivo que no es conveniente superar con nuestros limitados sentidos físicos. En todo caso se lo puede hacer con otros sentidos más desarrollados, capaces de ponerse en contacto con las octavas superiores sin peligro de disgregación.

Cada una de estas octavas sirve como espejo del mundo. Aquella pequeña banda vibratoria, entre la 49.ª y la 50.ª, donde se manifiesta la Luz, nos sirve para tener el espejo de todo el mundo, porque cualquier banda vibratoria se comporta del mismo modo. La diferencia consiste solo en la cantidad de vibraciones por segundo, o sea en su velocidad. Y sucede algo extraordinario: la velocidad aumenta continuamente hasta que en un cierto punto se convierte en ... ¡quietud!

La velocidad es tal que se manifiesta como quietud. De aquí nace la idea del átomo y del punto que crea. De hecho, acercándose a las octavas superiores se llega a las partículas nucleares (considerando solo el plano de la materia), en apariencia a las partes más pequeñas del todo, de alguna manera a las Fuentes de la vida y a las Fuentes de la inteligencia (C 11).

El tacto es el sentido más denso a causa de su cualidad vibratoria lenta. Se lo puede mejorar dándole algo más de velocidad por medio de un reconocimiento sensorial, pero las velocidades mayores siempre fueron reconocidas por la vista y el oído. Esto es universal. Las bandas de frecuencia son infinitas. Son formas de energía no todas conocidas. Descubrimos una determinada banda de frecuencia y ha sido posible fabricar un aparato que trabaja con una de esas ondas, que hemos llamado radar. Lo mismo para el láser (C 12).

Hemos visto que las frecuencias del sonido audible (C 13) llegan hasta la 14.ª octava. Si voy más allá de la atmósfera, estoy seguro de que al evocarla puedo escuchar internamente una sonata de Beethoven solo leyendo la partitura. Estos sonidos ¿en qué medio vibran? Esta es la eterna pregunta: ¿dónde escuchaba Beethoven, que era completamente sordo? Porque es evidente que escuchar, ¡escuchaba! y estoy hablando del sonido inaudible en su más baja frecuencia. ¿Qué puede suceder en frecuencias vibratorias mucho más elevadas? Acá se habla de otros planos de escucha, todas estas vibraciones se encuentran en un plano energético más alto. Aunque no se escuche nada con los sentidos físicos, las octavas están efectivamente presentes como energía. Aquello que se llama aire es un elemento muy incompleto. De acuerdo, los corpúsculos se desplazan, pero no están solo ellos, en un espacio suceden otras cosas, no hay solo aire, sobre todo están las octavas, estos sonidos inaudibles que en India se denominan «nāda», el Sonido sin sonido, o sea el sonido inaudible.

Los hindúes decían que hay dos tipos de sonidos: uno nacido de la fricción con el aire y uno que no lo necesita. Decían también algo aún más interesante sobre este Sonido llamado «nāda», que está en relación con la energía del Fuego. Decían que «nāda» es el Fuego eléctrico, no el fuego que nació de la fricción con el aire.

Esto merece ser recordado porque hay una relación muy estrecha entre el sonido inaudible y el audible, entre la música de las esferas y la música terrestre, entre lo invisible y lo visible. Solo que todo depende de cómo concebimos este espacio, que en definitiva no es sino nuestro propio espacio interior. Es como decir que yo soy una membrana de espacio, de alguna manera soy el espacio mismo, y al serlo, contengo todo esto en mí.

Es evidente que la energía se debe considerar en su propio plano: físico, psicológico, mental y aún más. Es necesario observar cuál es la velocidad vibratoria. La energía se expresa en los diferentes planos, de los cuales nosotros tenemos más experiencia en el físico, pero debemos decir que este último no está separado de un mundo energético psíquico, mental y también espiritual. Con esto se desea enfatizar que no se trata de energías diferentes, sino de una única energía que se manifiesta en los diferentes planos. Del mismo modo, no existe un único sonido sin un contenido que le es propio, una «intención» que le es propia. Con otras palabras se puede decir que el sonido vibra en ciertas octavas, pero también está la intuición, o mejor dicho, la «intención» del sonido que vibra en otras octavas más elevadas.

Por otra parte, somos nosotros mismos quienes por nuestra propia potencia interior, entendida como potencialidad, llegamos a ser magnéticos e irradiantes.

Pitágoras ha expresado todo esto en términos muy simples. Con las Proporciones Universales podemos descubrir cómo se comporta el todo en la naturaleza. Es fascinante, y al mismo tiempo misterioso, cómo se logró llegar al centro de la cuestión, al centro del ser, partiendo de conceptos tan simples.

COMENTARIOS AL CAPÍTULO VI

C 1. Como aclaración, en un caso está la idea de colorear con la propia percepción lógica un tipo de fragmento musical, y decir, por ejemplo, que la tonalidad menor provoca tristeza; en el otro caso es como decir que la tonalidad menor es triste en sí misma. Este es un ejemplo de atribución de un valor psicológico a un conjunto de sonidos. No me estoy refiriendo a una composición universal porque esta, partiendo de un presupuesto psicológico individual, o incluso más universal, tiene un valor en sí. De hecho, el compositor desea reunir materiales que representen su estado de ánimo, y por ende, captar este estado escuchando una pieza de Mozart o de quien sea, es perfectamente correcto.

C 2. Cada *raga* tiene una relación con una divinidad del hinduismo. Hay *ragas* que están bajo la égida de Shiva o de Krishna porque tienen una relación especial con ellos no solo por el tipo de instrumentos con que se los interpreta, sino también por su significado. Además los *ragas* se interpretan y escuchan en determinadas horas del día porque tienen correspondencias cósmicas con esos momentos, y es así que tenemos: los *ragas* de la mañana, del mediodía, de la tarde, de la noche, del alba. Están también los *ragas* de las estaciones que, según la teoría cosmológica, están conectados con un momento preciso del año. Por último están también los *ragas* de los elementos, que se siguen interpretando hasta el presente y forman parte de la música clásica india.

C 3. Orfeo es un personaje histórico. Se considera mítico, pero no por esto quiere decir no existente. Su leyenda tiene huellas que provienen de la India, a punto tal que en la historia de Krishna y Arjuna, en el famoso Bhagavad Gita que forma parte de la epopeya hindú Mahābhārata, se narra que Arjuna, luego de haber vencido la batalla y de una serie de peripecias, habría llegado a Occidente a la misma región donde los griegos identificaban los orígenes y las huellas de la vida de Orfeo. Así, los dos personajes se pueden identificar en una única matriz. Por otra parte, no sería muy extraño. No debemos olvidar que una de las características de Krishna es la flauta con la cual ejercía atracción sobre todo el mundo vegetal, animal y humano, y que su doctrina se transmitió a Arjuna, que simbólicamente representa un conjunto de individuos. Estas notas tienen una conexión con la idea órfica de la música, que es la del encantamiento mediante la voz para alcanzar el alma de Eurídice en todos los planos de la existencia.

C 4. La escala musical no es una construcción mental, sino una verdadera ley que tiene correspondencia con principios hallados en el sonido. Por eso se construye de acuerdo con las Proporciones universales siguiendo relaciones numéricas consonantes: la octava 2/1, la quinta 3/2, la cuarta 4/3. La construcción de la escala, entonces, se produce en relación a la octava, a la quinta y a la cuarta porque son los primeros intervalos fundamentales, llamados justamente «cuerpo de la armonía». Y la armonía es consonancia, no disonancia. En la obra de Pitágoras está el detalle de todo lo que es posible conocer sobre la relación de los intervalos, dado que nada se libra al azar, sino que todo se expone con precisión extrema y tiene una perfecta resonancia natural, no solo teórica. Es como tener a disposición un secreto extraído de la naturaleza en forma numérica.

C 5. El hecho de que el primer Verso Áureo de Pitágoras inicie con «venera en primer lugar a los dioses inmortales» tiene mucho que ver también con este paso. El dios representa una energía totalmente pura, y Pitágoras estaba completamente inmerso en esta energía. Energía que, de improviso, ilumina el lado oscuro y hace una súbita claridad. Por ende, con ayuda de la energía, Pitágoras descubre una ley fundamental de lo universal.

Timeo, al dirigirse a Sócrates, dice: «Pero, Sócrates, cualquiera que sea un poco prudente invoca a un dios antes de emprender una tarea o un asunto grande o pequeño».

Platón, Timeo, cap. V °.

C 6. Esto significa que de alguna manera también el científico es guiado hacia un determinado descubrimiento. Lo que el científico llama coincidencia no es tal, es la que lo lleva luego a desarrollar una investigación que puede prolongarse en el tiempo. La ciencia no reconoce la posibilidad de ser guiados, mientras que Pitágoras lo hacía. Por este motivo, él ha sido uno de los científicos más completos que se puedan hallar sobre la tierra, porque reconoce la totalidad, mientras que al científico le falta la otra mitad, la parte más sutil.

C 7. La escala elegida es la conveniente para esa determinada cultura, y no por casualidad se ha identificado eligiendo ciertos sonidos en vez de otros. En la serie de los armónicos algunos se eligen y otros no, y así se forma la escala musical de una determinada civilización. ¿Con qué están conectadas las relaciones musicales que son elegidas en lugar de otras? ¿Por qué motivo no todas las civilizaciones han elegido la misma escala? Este es un tema fascinante.

Alain Daniélou, en una intervención en el Mayo Musical Florentino con el título «El Occidente y la agresividad armónica», hace notar que la música con escalas temperadas se tocaba en todas las civilizaciones extraeuropeas antes de su difusión masiva. Incluso en Europa las escalas con que se ejecutaba la música folklórica no eran temperadas, y desde ese momento también estas, de tipo local, comenzaron a achatarse en esta única escala que si bien es adecuada para interpretar la música de Bach y Beethoven, no lo es para la música celta, que queda descolorida. Si bien aún hay muchas tradiciones que no usan la escala temperada, no podemos decir por esto que produjeron o producen músicas retrógradas y desentonadas. Recordemos que la música es expresión de una civilización, y el hecho de que muchas de estas civilizaciones hayan tenido que renunciar a la propia música para adaptarse a la nueva escala ha hecho que se hayan perdido muchas tradiciones musicales importantes. Hay un caso aparte, el de Irán, donde se admite solo música chiíta porque está prohibida tanto la música occidental como la de otras tradiciones, todas consideradas peligrosas. Por ende podemos decir que no hubo un verdadero intercambio y que si esto se está produciendo en mayor medida que antes ya no ejerce una gran influencia. En el pasado hubo una influencia muy fuerte de la música de la India que, dejada luego de lado, ha hecho reflexionar a muchos músicos sobre los límites de la escala occidental.

C 8. Para los pitagóricos este conocimiento hallaba su significado en la cosmogonía porque los armónicos son modos de ser, entes que se manifiestan y tienen una vida que les es propia. Cada octava, en su concepción, concierne a los siete niveles del ser. Esta es otra clave que conduce a la constitución septenaria del hombre, que conocían todas las tradiciones antiguas y según la cual se reconocen en el hombre siete niveles: cuerpo físico, energías, emociones, mente, intuición, alma y espíritu: siete en *Uno*.

C 9. Los armónicos no nacen de la relación 2/1, sino de la relación 3/2: todos los armónicos nacen de la quinta. Esta es una intuición más que genial. Para los pitagóricos «*la octava no es sino la fuerza de la tónica repropuesta*», entonces 1 y 2 no son dualidad sino que su relación consiste en su condición de completitud. ¿Qué significa no dualidad? Que todo aquello que no es 1 no aparece en 2/1: si se me repropone el Do, y por ende tengo una octava, en esta relación no tengo 2 sino una unidad.

Con esto los pitagóricos querían decir que en la primera octava está solo la intencionalidad, el espacio, no hay otra cosa, no hay ningún tipo de dualidad, el ser que está consigo mismo, el Uno con el Ser, no hay nada más. El dos no existe porque es el Uno que se agrega a Sí mismo, y para el tres es igual. La suma, que nosotros llamamos aritmética, es la unión del Uno con el Ser, que para el pitagórico tiene un significado metafísico preciso: el Uno agrega a Sí mismo otro elemento, pero es siempre Uno. En el caso del 2 tenemos una cuerda dividida por la mitad, no tenemos dos cuerdas, la relación 2/1, la octava, todavía no hace nacer la dualidad aparente de las cosas. La relación 2/1 aún es una perfecta relación de polo con polo, los seres de las cosas comienzan a aparecer y a nacer en las octavas siguientes, allí donde se insertan en cada octava determinados armónicos. Cuanto más avanzan las octavas en el espacio y en el tiempo, más grande es la diferenciación en cosas, vida y objetos. Cuanto más se avanza en el desarrollo, de la raíz a las ramas, a las flores y a los frutos, más se avanza en el desarrollo de las octavas. Cuantos más armónicos aparecen, mayor es la posibilidad de dualidad, pero esta no nace en la primera relación, y es apenas intencional en el tercer armónico. Digo esto porque aparece un solo armónico fundamental que luego vendrá a marcar la quinta, y es también por esto que el pitagórico tenía el máximo respeto por el número 5: la Péntada representaba la idea del hombre individualizado, pero con la conciencia de que debía regresar al Uno, porque era 5, pero era 1. El 5 entra en la relación 3/2, es el primer armónico situado entre la segunda y la tercera octava. Hay miles, millones de armónicos en las octavas superiores, y todos brotan siempre de la potencia de 2. Y si penetramos verdaderamente en el significado más íntimo de los números, es muy bello descubrir que en todas las tradiciones el dos no es sino la Madre de las cosas, la Progenitora, Padre y Madre, Shiva, la potencia del Uno, la energía de la Base. También a nivel de los armónicos la Madre tiene en Sí al Padre y genera todo el resto. El dos es el Padre en la Madre. En la relación Shiva – Shakti el dos representa la apariencia, la energía que crea el universo y contiene a Shiva en Sí.

La relación de octava se manifiesta, no como dualidad en las cosas y en el mundo, sino como una reabsorción de toda la potencia en la Madre que genera todo el resto. Allí tenemos 2 y 1, la octava y todo aquello que se genera en la potencia del 2. Las potencias del 2 nos reconducen a la octava que nos da el 256, que es la forma que los pitagóricos indican para afinar algunos instrumentos musicales, *sobre todo los nuestros*, o sea para afinarnos a nosotros mismos, afinarnos en perfecta armonía con nuestras siete octavas, con los siete niveles de nuestro ser. Notemos también que todos los armónicos se desarrollan en el espacio de 7 Archè, de siete octavas, que reflejan la idea de las siete creaciones: los siete cielos de la antigüedad. Aparecen, entonces, todos los arquetipos de la existencia.

C 10. Notemos que este es también el canon de belleza griego, porque las columnas de los templos surgen de estas proporciones. De la serie 12, 9, 8, 6 se comenzarán a construir como distancias los intervalos de octava, de quinta, de cuarta y de tonos enteros: son relaciones musicales en la arquitectura. Por este hecho se dirá que ciertas obras arquitectónicas son música densa, música petrificada. Para los arquitectos de la antigüedad el conocimiento de la música era fundamental. Ellos no podían no conocer la música, la astronomía y tantas otras ciencias, porque todo está basado en las relaciones de estas proporciones. Pitágoras descubre que cada cosa está construida de ese modo, por lo cual también en toda nuestra estructura psicofísica está este juego continuo de intervalos y de armónicos. Vitruvio y Palladio se refieren en términos de intervalos respecto de las proporciones arquitectónicas. El mismo intervalo que tiene valor en música, lo tiene también en arquitectura. Estos ilustres artistas del pasado han aplicado el mismo principio.

Concretamente las notas, las pausas, los silencios musicales son música traducida en la construcción de una iglesia, de un edificio u otro, construcciones que siguen las mismas proporciones musicales. Para los pitagóricos cada relación, cada tensión, está identificada en la cuerda, y la arquitectura es concebida como relaciones y tensiones entre muchas cuerdas. Si al dividir una cuerda tensa en dos partes se obtienen dos sonidos espaciados por una octava, es posible aplicar la misma ley a las cuerdas trazadas sobre las medidas de las construcciones arquitectónicas. Vitruvio decía claramente que la formación de un buen arquitecto debía incluir el conocimiento de la astrología y de la música entendida en la clave antedicha. Se dice que Le Corbusier y otros menos conocidos eran particularmente expertos en esto.

C 11. Hans Kayser, por ejemplo, ha descubierto el proceso armónico geológico, mineral y vegetal en la serie perfectamente matemática de los armónicos, y jamás fue reconocido por alguna universidad o centro científico. Su trabajo comenzó a ser considerado seriamente recién después de su muerte, pero en vida no obtuvo ninguna satisfacción, al contrario, fue obligado a llevar una vida muy difícil. En las universidades norteamericanas recién comienza a introducirse paulatinamente la «Armónica» (el tema desarrollado por Hans Kayser) como materia de estudio. Kayser dice que de Kepler a él hay un vacío.

C 12. Alguien puede comparar la idea del Átomo que crea con la teoría del «big bang» del universo. Esta teoría no es muy diferente de la Doctrina de las Emanaciones, y de todas las creaciones de las teologías antiguas mediante el Sonido y la Luz. Incluso, por medio del Grito entendido como Estallido. Se decía que de la Nada estalla un Grito creador. Como se puede ver, no es muy diferente.

C 13. Para hacer algunos comentarios adicionales, vemos que cuando se habla de umbral audible, se trata de una concomitancia que puede depender también de factores físicos. La importancia de la dieta pitagórica consiste sobre todo en esto: cuanto más purificados están los órganos, más perciben frecuencias vibratorias sutiles y en consecuencia con mayor movimiento. Si yo, como conciencia, supero algunas octavas, estoy penetrando en un reino que deja de ser estrictamente material. La materia como la concebimos nosotros «¡la materia es la densidad del espíritu y el espíritu es la liviandad de la materia!». Entonces, la energía concierne tanto a la materia como al espíritu: de hecho se trata de la misma y única Esencia. Esta es energía que en cada estadio se presenta con características bien determinadas. Cuando se dice «sonido inaudible» se habla, evidentemente, de frecuencias vibratorias muy elevadas. Naturalmente se podría tratar también de infrasonidos, pero por lo general cuando se habla de sonido inaudible, de la música de las esferas, siempre nos estamos encaminando hacia velocidades vibratorias mayores percibidas por los sentidos como «silencio». Si pudiéramos percibir con nuestros sentidos físicos una velocidad de ese tipo, es probable que resultáramos destruidos energéticamente. El límite es una protección.

NOTAS AL CAPÍTULO VI

1) Músico y maestro de Sócrates.
   Traducción de Diógenes Laercio. Vite dei filosofi. Libro secondo, 19. Laterza.

2) Jámblico. Vita pitagorica. Cap. XXVI. Laterza.

CAPÍTULO VII

LOS VERSOS DE ORO

Retírate en ti mismo y mira.

Si todavía no ves la belleza en ti,

haz como el escultor de una estatua que debe ser bella:

toma una parte, la esculpe, la pule, hace esta línea más liviana,

aquella otra más pura,

hasta lograr un bello rostro en la estatua.

Así tú también:

quita todo lo superfluo,

endereza todo lo que es curvo,

vuelve a llevar a la luz lo que está en sombras,

trabaja para que

toda la belleza resplandezca en cada una de sus partes,

y no ceses de esculpir tu propia estatua

hasta que esta brille con el esplendor divino de la virtud

y estés bien seguro de la perfección final

asentada en un

Santuario sin mancha.

Plotino: «Sobre la belleza».

Los «Versos de Oro», que se atribuyen directamente a Pitágoras y a los pitagóricos, son preceptos de sublime sabiduría.

Venera en primer lugar a los dioses inmortales según la ley, y respeta el juramento.

1. Honra a los radiantes Héroes semidivinos y ofrenda a los daimones subterráneos, según el rito.

2. Honra también a tus padres y a tus parientes de sangre.

3. Y de los demás, hazte amigo del que descuella en virtud, imitándolo en el habla equilibrada y en las acciones provechosas. No guardes rencor al amigo por una falta leve siempre que te sea posible. Junto al poder existe la necesidad.

4. Aprende estas cosas, y estas otras domina: primero el estómago y así también el sueño, las pasiones sexuales y la cólera.

5. No cometas ninguna acción vergonzosa ni con nadie ni contigo; pero sobre todo respétate a ti mismo.

6. Practica la justicia con tus actos y tus palabras.

7. En todas las cosas, pierde el hábito de actuar sin reflexionar.

8. Considera que para todos el destino es morir.

9. Las riquezas y los honores acepta tanto ganarlos como perderlos.

10. De los males que caben a los mortales por divino designio, la parte que te corresponde sopórtala con ánimo calmo pero aliviándola en la medida de tus fuerzas; y recuerda que no son extremos aquellos reservados por la Moira al sabio.

11. El habla de los hombres puede ser noble o indigna; que no te turbe ni permitas que te distraiga. Y si se dice una falsedad, opónete con calma.

12. Pero lo que ahora voy a decirte es preciso que lo cumplas siempre: que nadie, con palabras o con actos, te conduzca a decir o hacer algo que no sea lo mejor para ti.

13. Busca consejo antes de actuar para que los efectos no sean funestos.

14. Hacer o decir cosas fútiles o vanas es de hombre mísero; en cambio tú haz aquellas cosas de las que luego no debas arrepentirte.

15. Nada, entonces, que ignores; vislumbra aquello que verdaderamente te es necesario – y feliz será tu vida.

16. No conviene descuidar la salud del cuerpo.

17. Ten moderación en el comer o el beber y en la ejercitación del cuerpo, esto te preservará de toda perturbación.

18. Acostúmbrate a una vida pura sin molicie, y abstente de hacer aquello que pueda atraer la envidia.

19. No seas disipado en tus gastos como quien ignora el valor de las cosas, pero sin ser mezquino: la mesura en todas las cosas es la perfección. Haz pues lo que no te dañe, y reflexiona bien antes de actuar.

20. Al salir de la dulzura del sueño analiza cuidadosamente todo aquello que harás durante el día, y a la noche no dejes que el dulce sueño se apodere de tus ojos aunque estén cansados sin antes haberte preguntado lo que has hecho en el día: «¿Dónde he estado? ¿Qué he hecho? ¿Qué cosa he omitido de aquello que hubiera debido hacer?».

21. Comienza desde la primera acción hasta la última y de esta vuelve a la primera. Si has realizado cosas despreciables, castígate, y si has actuado rectamente, alégrate.

22. Esfuérzate en hacer estas cosas, y aplícate con fervor a estas otras. Ellas te pondrán en la senda de la virtud divina.

23. ¡Sí, por quien infundió en el alma la Tétrade, fuente perenne de la naturaleza!

24. Inicia pues la obra, pero antes invoca a los Dioses para que la puedas llevar a cabo.

25. Con la fortaleza que obtendrás de todo esto, conocerás la esencia de los dioses inmortales y de los hombres mortales, y cómo todo se desarrolla y llega a su fin.

26. Sabrás también que es ley que la naturaleza es idéntica a sí misma en todas las cosas. Así no tendrás deseos vanos y nada te será oculto.

27. Sabrás que los hombres son víctimas de los males que ellos mismos eligen: infelices que, aun teniendo el bien cercano, no lo entienden ni lo vislumbran.

28. Son pocos los que conocen el modo de librarse de los males: en tal sentido la Moira ofusca la mente de los mortales, que como trompos son llevados de un lado a otro por choques interminables. Su compañera funesta, una iracundia congénita, inconsciente, los lleva a la ruina, iracundia a la que conviene que no alimentes ni que te resistas, sino que huyas de ella.

29. ¡Oh padre Zeus! ¡De cuántos males librarías a los hombres si tan solo les hicieras ver a qué daimón obedecen!

30. Pero tú confía, porque divina es la raza de aquellos mortales a los que la sagrada naturaleza habla manifestándose. Si en ti hay algo de esa raza, lograrás aquello a lo que te exhorto. Habiendo sanado tu alma, la librarás de esos males.

31. Abstente de los alimentos que te he mencionado. Y ten inteligencia tanto en las purificaciones como en la liberación del alma.

32. Observa, distingue y evalúa todas las cosas, eligiendo el intelecto superior como guía adecuada.

33. Entonces, una vez dejado el cuerpo, ascenderás al libre éter. Serás un dios inmortal, incorruptible, invulnerable.

Estos son los 34 versos de oro atribuidos a Pitágoras y a los pitagóricos. Como se puede ver, entre tantas formulaciones éticas y morales hay un cúmulo de enseñanzas. Ahora intentemos comentar los versos.

Dice al comienzo: «Venera en primer lugar a los dioses inmortales según la ley». ¿De cuál ley se habla? No se podría venerarlos si no fuera según la ley, y la ley es la armonía. Para Pitágoras las leyes de la naturaleza no son modificables. Así como se presenta, el nacimiento de los Armónicos es una ley. Por lo tanto, por esa misma ley, «Venera a los dioses inmortales». Sin la ley, esta veneración no es posible. Decir esto es exactamente lo mismo que decir «Venera a los dioses inmortales según el Dharma», sobre todo cuando se hace con el anhelo de quien busca la esencia. «Según la ley» no es un ritual, es un hecho de consonancia, la acción siempre se debe realizar en relación con los dioses, con la energía representada por cada uno de ellos (C 1). Aunque ya muchos de los rituales han perdido eficacia, son movimientos y acciones sin efectividad como comunicación.

La Moira es quien marca el designio divino, que no es el destino como karma generado por el hombre. Muy a menudo confundimos el significado de destino. El designio divino es más claro, es aquello que nos está reservado y hacia donde debemos tender (C 2). Todos estos son aspectos de energías celestes y subterráneas. «Honra a los radiantes Héroes semidivinos (son semidioses que tienen un aspecto humano y uno divino) y ofrenda a los daimones subterráneos, según el rito», dice el verso. Si se puede decir así, son todas categorías de seres (C 3). Luego se agrega: ¡Oh padre Zeus! De cuántos males librarías a los hombres si tan solo les hicieras ver a qué daimón obedecen. El daimón es una conciencia (C 4), que en algunos casos se identifica con el alma. Para Sócrates, por ejemplo, el propio daimón es su alma, es una forma de llamarla (C 5). Hemos visto también en el segundo Verso ser venerados «según el rito». ¿Pero qué es el rito, la ley en relación con el rito? Es un ritmo, cualquier ritmo es un rito. Si el ritmo es consciente, también lo es el rito. Si el ritmo es inconsciente, es un rito como cualquiera de los muchos que realizamos a diario. Nuestros hábitos son todos ritos, no está solo el rito religioso. El rito está incluido en la ley, y es una forma de observar un ritmo (C 6). Si el ritmo no es consciente, significa que no solo se ha perdido el significado de los símbolos, sino sobre todo el de la unidad (C 7).

Los Versos de Oro inundan todo de luz, inundan de luz la oscuridad, que no se contrapone a la luz. Los daimones subterráneos tienen que ver con las fuerzas del inconsciente que evidentemente deben volverse conscientes en nosotros. ¿Pero qué significa volver a ser conscientes? Este es uno de los hechos más importantes de comprender. Cuando nosotros somos conscientes, ellas se iluminan, o sea que las conocemos como son en realidad. Ellas no desaparecen, toda esa oscuridad se ilumina. La calidad de la vida no desaparece, solo se transforma, deja de ser oscura. Entre otras cosas, cuando se habla de los demonios subterráneos se hace referencia, por ejemplo, al culto de la fuente.

«Honra según el rito». En esta afirmación podemos encontrar los primeros preceptos para quienes se ocupan de ecología, y son preceptos pitagóricos. Dejemos de lado a los Dioses inmortales y los Héroes, pero «ofrenda a los daimones subterráneos según el rito», significa según un ritmo y una medida. También hoy es así en todas las culturas; de acuerdo con los propios criterios tribales, honrar y pedir por alimento, por agua, por todo aquello que tiene vida, es establecer una relación rítmica y cuidada. En otros términos: «yo te pido una cosa determinada pero no te extingo ni te elimino. Te pido por aquello que necesito en este momento, y para esto te ofrezco un rito, ganándome así la amistad de tu corriente subterránea»; «antes de pescar, pido permiso para pescar los peces que servirán a mi grupo, ni uno de más».

Pitágoras llamaría a este honrar según el rito amistad con todos los elementos de la tierra, con los del agua, del aire y del fuego (C 8). Esto no debería maravillarnos. La maravilla sería que el hombre pudiera establecer un equilibrio. Estamos destinados a ser superiores a los animales, a las plantas, a todos los reinos, y en cambio nos comportamos no como custodios sino como los dominadores de este universo.

Para Pitágoras el rito es proporción y medida. Dice: «Todo es proporción y medida, todo es número». Proporción, Medida y Número son la misma esencia.

Los versos no son solo para el pasado, están siempre presentes y siempre vivos. Todo está en estrecha relación con los reinos de la naturaleza. Las octavas, las quintas, las cuartas, todo es Proporción y Medida.

Estos versos son semillas, y mucho se puede obtener de un atento análisis. Lo importante es que no se los escuche ni medite con todos nuestros preconceptos. Por ejemplo, el primero inicia con «... y respeta el juramento» que es mucho más importante porque se jura sobre uno mismo. El juramento es el que hay que mantener con nosotros mismos, está dirigido hacia la Alianza interior. Y cuando se hace con total convicción, va más allá de cualquier ritual externo que puede ser vacío, es una responsabilidad hacia uno mismo que supera todas las críticas externas que puedan haberse hecho. Si el juramento se ha realizado, todo lo externo podría faltar porque es solo un corolario, hay carga interior y las acciones se realizan con un criterio interno entusiasta (C 9). El juicio, entonces, lo dirigimos a nosotros mismos, para evaluar si fuimos más o menos capaces de mantener esa promesa que nos hicimos. Cuando en el verso se dice: «... y respeta el juramento», se entiende que alguna vez hemos jurado como alma. No es un misterio que todas las tradiciones hablan de un juramento hecho aún antes del nacimiento para realizar una determinada tarea en el tiempo de manifestación en la tierra. Si es así o no, se lo debe sentir, no es una promesa hecha a nadie, es el alma frente a sí misma, es el alma que reconoce una determinada realidad.

Un juramento es también un venerar. ¿De dónde deriva esta palabra? ¡De Venus (*Venere*)! Es todo aquello que Venus significa como potencia. Exaltar la Belleza, amar la Belleza, es la potencia de Venus como cualidad. Evidentemente, una cualidad implícita también en nosotros, visto que podemos venerar. Se dice: «Venera, honra, ofrece». Y respecto de estas tres realidades, los versos hablan de hacer algo, no de no hacer nada. Y «ofrecer» no es poca cosa. La idea de las ofertas de propiciación ha sido siempre muy clara en todas las civilizaciones. Pero existe también la propiciación interesada: «yo te hago esto, pero tendrás que darme algo a cambio. Te dejo una flor para que me resuelvas este problema. Te dejo esta otra cosa para que me cures». En las verdaderas ofertas no se pide nada a cambio, se ofrece y basta (C 10).

Cada uno de estos versos prepara psicológicamente, y el pitagorismo, Platón y muchos otros filósofos les atribuyen la misma importancia que al conocimiento científico. En cambio nosotros vemos una separación completa: los versos serían misticismo, y el número sería ciencia. Pitágoras no separaba, las virtudes son potencias de energías, de números. Energía que se pone en movimiento sin la cual no es posible ni siquiera mínimamente comprender qué es la Tetraktys, o ninguna otra cosa. Al respecto quisiera señalar algo:

Tenemos las relaciones de 8.ª, de 5.ª y de 4.ª en relación con el Uno, y luego los intervalos:

8.ª 2/1 = intervalos
5.ª 3/2 = intervalos
4.ª 4/3 = intervalos

Del punto/vértice de la Tétrada, la primera Emanación es la primera relación de octava, o sea 2/1; en el tercer plano de la Tétrada tenemos 3/2, la relación de quinta; en el último plano está 4/3, la relación de cuarta. Pero el orden no es solo el de las relaciones, sino también el de los armónicos. Esto es lógico, dado que se trata de una única Ley, como se puede observar en el triángulo de la Tétrada.

Penetrar la Tetraktys no es solo un acto de agudeza mental. Por lo tanto, cada uno de estos versos, si bien muy simples en algunos casos, están poniendo en movimiento ciertas potencialidades interiores. Nada se da por descontado. «Las riquezas y los honores acepta tanto ganarlos como perderlos», no es poca cosa como consejo, como tampoco lo son otros aparentemente más claros. Esta serie de versos hace recordar a Tagore, que dice: «El Santuario de mi Dios no se encuentra al final de mi camino, el Templo de mi Dios se encuentra a los lados del camino». Es muy diferente, como idea, que alcanzar la meta sin mirar a los lados. En pocas palabras se dice todo al hombre que busca la realización.

Veamos otro verso: «...domina...el sueño»: es dormir lo necesario, no más. Es siempre la idea de la medida, pero no la del freno, porque el freno no es medida: si me desbordo debo frenar para regresar a la justa medida. Acá se está hablando del sueño como molicie, de abandonarse demasiado al sueño, no de no dormir. La virtud principal del pitagórico es la templanza, y no la imposición del absolutamente sí y el absolutamente no. Esto es muy importante.

«Inicia pues la obra, pero antes invoca a los Dioses para que la puedas llevar a cabo». Gracias a un dios, Pitágoras pasa frente a una herrería y es también gracias al herrero y a su martilleo rítmico sobre el yunque que comprende lo que están diciendo esos golpes y lo que deberá descubrir. Todo está rodeado de luz, de divinidad que inspira como un «flujo», como si no fuera posible de otro modo (C 11).

«¡Oh padre Zeus! De cuántos males librarías a los hombres si tan solo les hicieras ver a qué daimón obedecen.» El daimón es su verdadera conciencia, su verdadera naturaleza. Es casi una súplica al padre. Nosotros mismos a menudo decimos: «¡Cuánto beneficiaría (*gioverebbe en el original*)!». Y si se nos dijera que se está hablando de Júpiter (*Giove en el original*)? Con 'beneficiar (*giovare*)' se está hablando de la potencia de Júpiter. «Cuánto nos beneficiaría reconocer una determinada cosa»: en otras palabras, «cuánto penetraría la potencia de padre Júpiter, si...». Es una plegaria a «Zeus padre» que tiene diferentes significados. Pero continuemos con el verso: «... si tan solo les hicieras ver a qué daimón obedecen». Sócrates dialogaba con su daimón, su conciencia más alta. Hay un tratado de Plutarco muy pequeño, «El daimón de Sócrates», que lo aclara. Es el daimón, la conciencia iluminada que habla a Sócrates, lo que hacía que él fuera verdaderamente sabio.

Hay una aclaración ulterior que sería necesario profundizar, si bien es bastante transparente. Uno de los versos dice: «Sabrás que los hombres son víctimas de los males que ellos mismos eligen: infelices que, aun teniendo el bien cercano, no lo entienden ni lo vislumbran». Parafraseando, el Bhagavad Gita dice: «No te irrites contra el karma, es inútil. Antes bien, busca nuevas causas de karma, pero no te irrites contra el que ya has promovido». Como decir que tú no solo lo has elegido sino que también lo has provocado. Entonces, no te irrites contigo mismo.

El vínculo con otras tradiciones antiguas es evidente, sobre todo con el Yoga de Patanjali. En efecto, coinciden todos los grados, las abstinencias, las observancias. Solo que en el caso de Pitágoras está el aspecto de claridad mental perfecta, matemática. Pero también está el aspecto intuitivo, porque la comprensión mental por sí sola no alcanza para seguir a Pitágoras. Debe existir una alineación total. Porque esta aparente simplicidad de hecho es una enseñanza de una complejidad enorme. En estos versos hay un sentido de totalidad y de frescura, alinean la conciencia para tener una atención constante, es necesario que todas las partes tengan un equilibrio, una correspondencia con la ley armónica del universo. Esta sabiduría que siempre existió es atemporal y se puede hacer realidad intentando vivirla. Se trata de semillas para un vivir más simple y más completo.

Se habrá notado que los Versos son 34. En el 34 está el Triángulo y el Cuadrado, el Espíritu en la materia. La combinación de los dos números no solo da el 7, sino que, como ya se ha visto, es la inscripción del triángulo en el cuadrado, que entre otras cosas, para quien tiene presente toda la construcción posterior a

Palladio, es la construcción de la base. El número de columnas también puede cambiar. Esta construcción es una Llama.

```
         •
       •   •
     • • • • •
     •   •   •
     •   •   •
     •   •   •
     • • • • •
```

Acá está el 7 como base. Como se puede ver, la idea es la de la casa.

El 7 se conecta también con esta forma:

```
       •
     •   •
   • • • • •
       •
       •
   • • • • •
   •       •
   • • • • •
```

Vemos así la constitución del Cuaternario del hombre que se conecta con el Principio superior de la mente mediante el puente mental. Este principio superior es el Intelecto superior, que se conecta directamente con el Espíritu.

Hemos dicho que en el 34 está el Espíritu proyectado en la materia, pero al mismo tiempo y en concomitancia el Cuadrado se proyecta hacia la Tríada. «Una vez dejado el cuerpo», dice al final, «ascenderás al libre éter». El libre éter es el hombre hecho espíritu y, en consecuencia, «serás un dios inmortal, incorruptible, invulnerable», o sea, «serás directamente, conscientemente, lo que ya Eres».

En el templo con seis columnas obtenemos el 9, del que tiene nueve obtenemos el 12. Naturalmente también puede haber otras representaciones, que dependen de lo que se desea representar. Seis, nueve, doce eran las columnas de los templos, que son las Proporciones Universales. Al respecto, cuando se habla de la música de las esferas, se dice:

«Solía él aplacar con ritmos, canciones y encantos las pasiones del espíritu y de la carne; y con los amigos se servía de tales armonías, pero él oía la armonía del todo, y percibía el concierto universal de las esferas celestes y de los astros que en sus órbitas giran, que a nosotros no nos es dado oír por la limitación de nuestra naturaleza. Tales cosas también atestigua Empédocles, cuando dice de Pitágoras: "Había entre ellos un varón, poseedor de altísimos conocimientos, que había adquirido una enorme riqueza de inteligencia, señor de toda clase de obras, especialmente de las sensatas, pues cada vez que se aplicaba con toda su inteligencia, fácilmente, por supuesto, entendía (C 12) cada tema del universo, hasta diez o veinte generaciones humanas". (C 13)

Donde dice "de altísimos conocimientos" y "riqueza de inteligencia" y otras de parecida índole, devela su exquisita y más perfecta naturaleza en el ver, oír y entender. Él afirmaba que los sonidos de las siete estrellas errantes y de las fijas y de la tierra que es opuesta a la nuestra y ellos llaman 'antichton', eran las nueve musas. Y a la unión y sinfonía, que es como decir cadena de todas, de la cual cada una es partícula y emanación, como cosa eterna e innata, daba el nombre de Mnemosine.»

COMENTARIOS AL CAPÍTULO VII

C 1. Hoy como entonces nada ha cambiado. Los «Versos» hablan de las leyes universales, por lo cual son siempre válidos. Es justo que el primer acto a realizar sea la veneración a los dioses inmortales. Sediento de una belleza aún no conocida, el ser humano lanza su grito invocador. La propia palabra, «Venera», indica una visión de Belleza que se debe hacer tangible, ¿y a quién se puede lanzar este Canto, si no al Ser más profundo, a nuestro dios inmortal en comunión con todos los dioses? Lanzado el Llamamiento, entra en acción la Ley, siempre presente. Lanzado el Llamamiento, el juramento hacia uno mismo se convierte en su Guardián.

C 2. El designio divino es el dharma del hombre, es aquello a lo que está destinado. Ver, en el Bhagavad Gita, cuál es el designio divino del guerrero Arjuna.

C 3. Se habla de daimones subterráneos porque se aprecia la tierra como un ser viviente. No existe el mal en el daimón subterráneo ni el bien en el dios inmortal, todo se venera con una justa medida. Entre otras cosas, es un absurdo no venerar la vida subterránea que existe, con sus energías; es como decir que son todas nocivas por ser subterráneas, profundas, oscuras, invisibles. En los versos hay una especie de jerarquía, el daimón es una cosa muy distinta de su degeneración en demonio. Los daimones son fuerzas a las que es posible acercarse en la escala de la ascensión. El Héroe es más que el daimón, porque ha ascendido más.

C 4. El «daimón» griego corresponde al deva hindú. La clase de los devas pasa de los órdenes inferiores (hadas, gnomos, ondinas, etc.) a los más elevados que corresponden también a los ángeles y los arcángeles cristianos, o devas superiores del hinduismo. Como se observa, por «daimón» se entiende toda una clase de seres, y es el contexto el que especifica de cuáles se trata. Obviamente, cada categoría de daimones tiene su propio nombre.

C 5. Que luego el daimón se haya convertido en demonio es un problema que no concierne a Pitágoras. De hecho, es claro que nos dirigimos tan a lo alto, en apariencia, que hemos despreciado la tierra. Tan a lo alto, tan en abstracto, que la tierra se convirtió en un lugar para ser dominado.

C 6. También es un rito respirar. El hecho de decir «ofrenda a los daimones subterráneos, según el rito» es la idea de que nada que vive debe ser excluido.

C 7. Para nosotros es más fácil dividir: esto es bueno, esto es malo. ¿Acaso alguno de los Versos de Oro se dirige solo a una parte que vive, descuidando todas las demás? Cada una es armonía y dimensión total. Un insecto, un animal, un tipo de energía subterránea, nos guste o no, forman parte del equilibrio de las cosas.

C 8. Comparemos un momento este concepto de amistad de Pitágoras con las Alabanzas de Francisco:
«Alabado seas, mi Señor, con todas tus criaturas, especialmente messer hermano Sol (…)
Alabado seas, mi Señor, por hermana Luna y las estrellas (…)
Alabado seas, mi Señor, por hermano viento

y por aire y nublo y sereno y todo tiempo (…)
Alabado seas, mi Señor, por hermana agua (…)
Alabado seas, mi Señor, por hermano fuego (…)
Alabado seas, mi Señor, por la hermana nuestra madre Tierra (…)
(…)
Altísimo, omnipotente, buen Señor,
tuyas son las alabanzas, la gloria, el honor y toda bendición.»

C 9. Así define Bulwer Lytton el entusiasmo: «Nada es tan contagioso como el entusiasmo, verdadero símbolo de la fábula de Orfeo: mueve las piedras, encanta a los brutos. El entusiasmo es el genio de la sinceridad y la verdad no logra victorias sin él».

C 10. En la oferta se ofrece, es inútil pedir. La idea de la oferta, desde el verdadero punto de vista religioso, si se quiere también mágico, es tener la certeza de que desde el momento que se ofrece ya se está recibiendo. No se piensa en recibir, eso sucederá, pero primero se ofrece. Pero esta no es una acción muy utilizada, no es muy común. Por lo general, a menos que se trate de verdadero amor, se ofrece por el interés del resultado, necesariamente se debe corresponder algo.

C 11. En verdad es una enorme presunción pensar que todo depende de nosotros y de nuestra mente, desconociendo así la ley natural del flujo, de la participación, de la unidad y la identidad. Muchas cosas no son fáciles de comunicar, la mente se debe autoconvencer, darse cuenta de que los hechos no suceden tal como se cree. Uno de los últimos versos áureos dice muy claramente: «Observa, distingue y evalúa todas las cosas, eligiendo el intelecto superior como guía adecuada». Prestemos mucha atención a esto. Pitágoras no dice «intelecto», sino «intelecto superior». La Sabiduría antigua concibe dos aspectos de la mente, una mente superior y una mente concreta, una mente intuitiva y una mente racional. El intelecto superior, es bien claro, es la mente intuitiva. Fueron sobre todo los griegos quienes hablaron del mundo inteligible, el de las ideas, donde reside la inteligencia, el saber escoger. Entonces, como guía, elegir la mente intuitiva y no la racional.

C 12. «Entender» acá quiere decir que Pitágoras tendía estas fuerzas mentales hacia su núcleo espiritual. Solo así dichas fuerzas podían tener una visión clara.

C 13. El propio Pitágoras decía que una vez había sido Euforbo, valiente guerrero troyano asesinado por Menelaos durante el asedio de Troya (Homero, Ilíada, Canto XVII, v. 51 ss.). Una curiosidad: Euforbo quiere decir «buen pastor». Heraclides Póntico (condiscípulo de Aristóteles en la Academia platónica y autor de numerosas obras sobre Pitágoras y los pitagóricos menciona nada menos que cinco nacimientos de Pitágoras, o sea que Pitágoras antes había sido: Etálides, Euforbo, Hermótimo de Samos, Pirro de Delos.

DANIEL LEVY

Daniel Levy es un pianista clásico mundialmente reconocido por sus interpretaciones pianisticas sea en concierto que en en una extensa producción discográfica, con grabaciones que varían desde Bach hasta composiciones contemporaneas. Levy desarrolla su actividad artística en las más importantes salas de conciertos internacionales y Aclamado por la crítica internacional como 'uno de los pianistas más importantes de nuestros tiempos'.

Levy ha grabado mas de 60 CDs para las etiquetas Edelweiss Emission, Syntony y Nimbus Records, como solista, en cámara y con orquesta.

Durante una exitosa carrera, ha unido una intensa actividad musical con un destacado rol de investigador y educador, presentando workshops, seminarios y conferencias, dedicados a desarrollar técnicas derivadas de estudios y experiencias sobre el efecto del sonido y de la música (como Ciencia / Arte) sobre el ambiente y la psique del ser humano.

Daniel Levy ha trabajado con renombrados musicólogos como Alain Daniélou y Marius Schneider.

Ha organizado muestras de instrumentos musicales antiguos de Asia, África, América y Europa.

Es autor de varios artículos. Sus otros libros 'Belleza', 'Eufonía – El Sonido de la Vida' y 'Ecos del Viento' estan publicados en varios idiomas.

Ha sido Tutor Principal del proyecto 'Euphony - Implementing Teacher Knowledge', parte constituyente del proyecto Sócrates y Grundtvig I de la Unión Europea.

Es fundador de la Academia Internacional de Eufonía, que desarrolla un intenso programa a nivel internacional de actividades educativas y artísticas, entre ellas cursos intensivos, seminarios, workshops, publicaciones, exhibiciones y conciertos.

Para mas informaciones acerca de seminarios, publicaciones, conciertos y grabaciones de Daniel Levy:
www.daniellevypiano.com

Para mas informaciones acerca de las actividades de la Academia Internacional de Eufonía: www.academyofeuphony.com
Email: info@academyofeuphony.com

OTROS TÍTULOS DE DANIEL LEVY

Publicados por la Academia Internacional de Eufonía

Eufonía – El Sonido de la Vida

Belleza

Ecos del Vento – Historia de un Viaje al Centro del Sonido
(acompañado de un CD)

Se pueden adquirir directamente en la tienda online de la Academia Internacional de Eufonía:

www.aide-shop.com

Informaciones: info@academyofeuphony.com

www.ingramcontent.com/pod-product-compliance
Lightning Source LLC
Chambersburg PA
CBHW020645230426
43665CB00008B/316